인문학과 자연과학이 하나 되는 전통과 미래

경북대학교 기초교육원
복현모둠강좌 No. 3

인문학과 자연과학이 하나 되는 전통과 미래

찍은날 2011년 6월 24일 • **펴낸날** 2011년 6월 30일
저자 이재열 백두현 주보돈 이상규 김기현 이영훈 안치운
정지창 김상욱 조재모 심현정 김효신 황재찬
편자 이재열
펴낸이 함인석 • **펴낸곳** 경북대학교출판부 • **출판등록** 1973년 10월 10일 ㉣97호
주소 대구광역시 북구 대학로 80번지 • **전화** 053-950-6741~3 • **팩스** 053-953-4692
이메일 press@knu.ac.kr • **홈페이지** http://knupress.com
정가 15,000원 • **ISBN** 978-89-7180-315-8 93900

인문학과 자연과학이 하나 되는 전통과 미래

이재열 백두현 주보돈 이상규 김기현

이영훈 안치운 정지창 김상욱 조재모

심현정 김효신 황재찬 공저

이재열 편

| 머리말 |

복현모둠강좌: 인문학과 자연과학이 하나 되는 전통과 미래*

무더운 여름 방학이 끝나고 새 학기 강의가 시작될 즈음이면 교수나 학생이나 더욱 부산해지기 마련이다. 이번 학기는 유독 첫날부터 학생들의 수강 증원 요청이 몰려들었다. E-mail을 보내는 학생부터 시작해 휴대전화로나 연구실로 전화를 걸어 증원을 부탁하는 학생, 연구실로 찾아와 강의를 듣고 싶다고 하소연하는 학생까지 그야말로 굉장히 많았다. 이들의 바람은 이번 학기에 개설한 〈인문학과 자연과학이 하나 되는 전통과 미래〉라는 강좌를 듣고 싶다는 것이었다.

지난 학기에 경북대학교 기초교육원은 학생들에게 여러 분야의 학문 세계를 폭넓게 보여 줄 수 있도록 '복현모둠강좌'라는 새로운 형태의 교양과목을 제시해 달라고 공고하였다. 오래전부터 학생들에게 자연과학과 인문학이 하나로 어울리는 통합적인 학문 세계를 알려 주는 것이 필요하겠다고 생각하던 차에 이런 기회를 맞아 〈인문학과 자연과학이 하나 되는 전통과 미래〉라는 제법 긴 이름을 가진 강좌를 기획, 개설하게 된 것이다.

복현모둠강좌는 일반 교양과목과 다른 몇 가지 특징을 갖고 있는데, 가장 큰

* 이 글은 2009년 경북대학교 기초교육원 소식지 〈뿌리깊은나무〉에 실린 강좌 안내문이다. 글의 내용이 책의 머리말로도 적당하기에 그대로 옮겨놓았다.

특징이라면 일반 교양과목처럼 담당 교수가 한 학기 내내 하나의 주제를 정해 놓고 혼자 강의하는 것이 아니라는 점이다. 여러 분야의 전문가들이 자기가 전공하는 분야를 중심으로 학생들에게 도움이 될 만하다고 생각하는 내용을 알기 쉽게 이야기해 주는 방식이다. 좀 더 쉽게 말하면 한 주에 한 사람의 강사가 수강 학생들에게 주제에 맞는 지식 전달은 물론 문화적인 여유를 느낄 수 있도록 학생들의 호기심을 이끌어 내어 설명하는 것이다.

누구라도 자신이 알고 있는 지식을 일방적으로 전달해 주는 것은 이런저런 강의나 저술, 방송 매체를 통해 얼마든지 가능한 일이다. 그렇지만 이번 복현모둠강좌와 같이 여러 분야에서 전문적인 시식을 쌓은 강사들이 학생들과 직접 얼굴을 맞대고 자신의 경험과 지식을 녹여 내어 학생들로 하여금 미래를 설계할 수 있도록 문화적인 이야기로 만들어 나누어 주는 기회는 이제까지 거의 찾아보기 어려웠다. 더욱이 이 강좌에서 다루는 주제는 강의 제목처럼 인문학과 자연과학이 하나로 통할 수 있는 내용을 과거로부터 현재에 이르기까지 하나로 아우르는 것이기에 더욱 현실감 있는 이야기로 학생들 곁으로 다가갔을 것이다.

이 과목을 진행하는 담당자로서 인문학과 자연과학을 하나로 아우른다는 것부터가 결코 쉬운 주제가 아니었고, 더욱이 하고많은 분야 중에서 어느 분야를 선택해야 할 것인지도 간단한 문제가 아니었다. 오랜 시간 고민하던 끝에 그래도 포괄적인 내용을 다룰 수 있으리라고 생각되는 ①우리 문화의 재발견, ②철학적 사고와 정신문화, ③우리 생활 속의 과학이라는 세 과제를 골라내었다. 그리고 여기에 포함시킬 수 있는 역사, 문화, 언어, 문학, 철학, 생활, 의학, 예술, 건축, 사회, 인류 등의 주제를 찾아보았고, 이들 주제에 관해 과거로부터 현재에 이르기까지 우리 생활과 생각에 도움을 줄 수 있는 내용을 설명해 줄 강사를 모시고자 여러 분께 이 강좌의 취지를 말씀드리고 강연을 부탁하였다. 우리 주위에는 의외로 이러한 강좌를 기다렸다는 듯이 공감하며 동참해 주신 분들이 많았기에 이 강좌를 진행할 수 있었다.

복현모둠강좌의 또 다른 특징은 수강 학점에 대해 평점을 매기지 않고 S/U 방식으로 성적을 부여한다는 점이다. 이러한 성적 부여 방식은 학생들로 하여금 듣고 싶은 교양과목을 편한 마음으로 들을 수 있게 하는 장점이 있어, 많은 학생들에게 이 과목을 신청할 수 있도록 이끌었는지도 모르겠다. 맨 처음에 이 과목의 수강 정원을 100명으로 제한하였지만, 수강을 원하는 학생들이 많아 어쩔 수 없이 배에 가까운 학생들이 수강하게 되었다. 강연을 듣고 학생들이 쓴 감상문은 차후 강연 내용을 모아 책으로 발간할 때 첨부할 예정이다.

어쨌거나 새로 개설한 이번 강좌는 학생들에게 새로운 교양과목의 모습을 보여 주게 되었다. 이 교양과목이 개설된 이번 학기는 강산이 두 번이나 훌쩍 바뀌도록 강의해 온 나에게도 어쩌면 가장 기억에 남는 학기가 될지 모르겠다.

이재열

| 차례 |

| 첫 번째 강의 |

전통 문화와 우리 과학 맛보기*

이재열(경북대 생명과학부)

1. 과학은 교양이 되는가?

과학이 교양의 영역에 속할 수 있다고 생각하는 사람은 별로 없을 것이다. 편안한 자세와 가벼운 마음으로 즐길 수 있는 것이 교양이라는 일반적 관점에서 보면, '과학'은 너무도 학문적이고 또한 전문적이라는 느낌이 들기 때문이다. 과연 그러한가? 이제 과학이 교양으로서의 가치를 지니고 있는지 차근차근 살펴보자.

과학이란 '어떤 영역의 대상을 객관적인 방법으로 체계를 세워 연구하는 활동'을 뜻하며 '그러한 성과의 내용까지도 포함'하는 뜻으로 쓰이기도 한다. 경우에 따라서는 특별히 자연과학을 가리키는 말로도 널리 쓰인다. 이때의 자연과학(自然科學, Natural Sciences)은 '자연계에서 일어나는 현상을 연구하는 학문으로서 자연 현상 사이의 상호관계나 원인 등을 연구하여 그 일반적인 법칙을 탐구하는 과학'으로 정의될 수 있겠다. 따라서 자연과학은 정치·경제·사회·역사·학예 따위의 정신과학을 통틀어 지칭하는 인문(과)학과 대비되는 개념이기도 하다.

* 참고문헌: 『담장 속의 과학』(이재열, 사이언스북스, 2009)

과학이 교양의 범주에 속한다고 생각하지 않는 사람들이 많은 것은 과학이 소수 전문가들의 고유한 영역이며, 따라서 일반인들과는 동떨어져 있다는 고정관념 때문이다. 그리고 이렇게 생각하는 사람들일수록 정신적인 면을 연구 대상으로 하는 인문과학은 교양이 되지만 과학은 교양과는 거리가 있다고 생각하기 때문이다. 그러나 과학은 과학자들의 전유물이 아니다. 과학적인 생각들이 연구실이나 실험실 안에서만 이루어지지도 않는다.

이는 과학에 대해 조금만 관심을 갖고 생각해보면 알 수 있는 사실이다. 우리 생활에 도움을 주는 많은 것들은 대부분이 과학과 기술이 밑받침을 이루고 있기 때문이다. 다시 말하자면 물리·화학·생물·지구과학 등 여러 분야의 과학적 지식이 생활과학과 문화를 이루는 기틀이 되는 셈이다. 과학적인 행동이 삶의 일부분이고, 생활의 일부가 되지 못하면 과학은 영원히 우리 곁에서 떨어져 겉돌게 된다. 이렇게 생활의 밑거름이 되는 과학은 당연히 사람들의 생활에서 기본적인 교양이 될 수 있다. 교양(教養)이란 '사회 생활이나 학식을 바탕으로 이루어지는 품행과 문화에 대한 지식을 통틀어 일컫는 말'이기 때문이다. 그렇지만 이를 알면서도 교양으로서의 과학은 인정하고 싶지 않은 마음을 가진 사람들이 아직 많다.

자연과학 가운데에서도 물리·화학·생물·지구과학 등의 여러 분야는 나름대로의 독특한 면을 갖추고 있지만, 근래에 발전하는 학문의 영역은 한 분야에만 독립적으로 머무르지 않고 두세 가지 분야 또는 서너 가지 분야의 학문이 서로 합쳐져서 새로운 학제간 학문으로 나아가고 있다. 이제 과학은 전문성을 가진 한 분야의 과학으로만 머무르지 않고 학제간의 통합으로 모든 분야의 학문이 전체적인 하나로 묶어지는 현상을 보이고 있다.

과학에서의 이러한 학문적인 발전은 연구 분야에만 국한되는 것이 아니라 응용분야에까지 적극적으로 이용되고 있다. 기초과학인 자연과학은 응용분야인 공학과 연결되면서 새로운 생활과학으로 나타나고 있다. 우리 생활 주변에서 볼 수 있는 몇 가지의 예는 이러한 사실을 밑받침하고 있다. 정보통신의 총아인 컴퓨터를 살펴보면, 실제로는 전기·전자 기술만이 아니라 사람의 뇌세포를 닮으려는 생물적인 목표를 갖추고 있다. 현대생활에서 빼놓을 수 없는 로봇도 기계공학만이 아니라 전기·전자 기술은 물론이고 인체로부터 비롯되는 움직임을 본받으려는 의도가 깃들어 있다.

요즈음 우리 생활에서 큰 문제로 대두된 환경오염 문제는 과학과 기술의 문제만으로 해결되지 않는다. 과학과 기술의 발달에 따라 이루어진 산업발전에 의해 필연적으로 나타난 환경오염은 이제 과학과 기술의 범위를 벗어나 모든 학문의 영역으로 확대되고 있다. 자연과학은 물론이고 공학과 기술 그리고 인문·사회과학을 포함하는 모든 분야의 학문을 동원하여 어떻게 해서든지 해결해야만 하는 인류 공통의 과제가 되어버린 것이다.

환경 오염 문제의 해결을 위해서는 자연과학과 인문학의 연합뿐만 아니라 과학과 철학 그리고 예술이 한데 어울려 노력해야 한다. 이것은 또한 인류 생활을 중심으로 새로운 방향으로 나아가는 또 하나의 문화를 이루어내고 있다. 다시 말하자면 문화(文化)는 과학과 기술의 토대 위에서 형성된 것이라는 사실을 사람들로 하여금 쉽게 깨닫게 해야 한다. 앞으로 과학이 과학만으로 그치지 않고 교양으로 이용되기 위해서는 과학과 문화의 만남이 적극적으로 이루어져야 한다. 그리고 우리 문화의 각 부분이 과학적인 지식을 바탕으로 설명될 수 있을 때에 비로소 과학은 오래전부터 자연철학이나 교양으로서 활약하였으나 한참 동안 잊혔던 본래 자리를 되찾을 수 있을 것이다.

많은 사람들이 아직도 과학이 교양이라고 인정하기를 싫어한다. 그렇지만 과학도 교양이 된다는 사실을 차근차근 설명하면 사람들은 고개를 끄덕이며 인정하기도 한다. 그러다가도 서로 헤어지며 뒤돌아서면 본래의 생각대로 되돌아가 버리는 경우가 많다. 아무래도 이성적인 생각보다는 감성적인 느낌이 그만큼 앞서기 때문이라고 본다. 요즈음을 살고 있는 대부분의 사람들은 이와 같이 이성적인 판단에 앞서 감성적인 느낌으로 사물을 보는 경우가 많다.

과학과 문화를 보는 경우도 어쩌면 이와 마찬가지이다. 문화의 근본적인 요소가 과학임에 틀림없지만 많은 사람들은 이들이 전혀 다른 별개의 것으로 느끼고 있다. 언제까지 우리는 이처럼 느낌을 우선으로 생각하며 살 것인가? 두 줄로 깔려 있는 철로 위를 기차가 한없이 달려가더라도 왼쪽 바퀴와 오른쪽 바퀴는 항상 철로 폭만큼의 거리를 유지하고 있다. 과학과 문화 그리고 문화라고 불리는 교양은 우리 생활 속에서 기차 바퀴처럼 달리고 있다. 서로가 마주하고는 있지만 언제나 그만큼의 거리를 좁히지 못하는 모습은 어쩌면 손 한번 잡아 보지 못하고 애틋한 마음으로 지켜보아야 하는 짝사랑을 연상시킨다.

한편으로 달리 생각해 보면 반드시 짝사랑이라고만 할 수도 없다. 기차 바퀴는 어느 정거장에서 출발하여 어느 곳에 도착하더라도 철로 폭만큼의 일정한 거리를 유지하지만 결코 더 이상 떨어지지도 않고 항상 함께하기 때문이다. 이는 아무리 긴 거리를 여행하더라도 항상 그만큼의 거리를 유지한 채 함께 있다는 사실을 깨닫고 기뻐할 수 있다는 뜻이기도 하다. 이처럼 과학과 문화는 얼른 보기에 기차바퀴들의 짝사랑처럼 외로워 보이지만, 그들은 어디를 가든지 기차라는 한 몸으로 영원히 함께 어울리고 있다는 사실을 잊어서는 안 된다.

2. 과학으로 느끼는 생활 문화

문화의 발전은 과학 기술의 발전 없이는 이루어지기 어렵다. 그 대표적인 예의 하나로 농사를 짓기 시작한 신석기시대의 문화를 꼽을 수 있다. 돌이라는 도구를 이용하여 생활의 발전을 꾀했던 고대인들도 수렵과 채취라는 생활 방식만으로는 굶주림으로부터 벗어난 안정된 생활을 하기가 어려웠다. 그러다가 고대인들은 한 곳에 정착해 농사를 짓기 시작하면서 필요한 식량을 확보하여 보다 안정된 생활을 할 수 있게 되었다. 이렇게 시작한 신석기시대의 농사를 일컬어 농업혁명이라고 해도 그리 틀리지 않은 말이다.

역사적으로 보면 석기시대 다음으로 청동기시대, 철기시대가 이어진다. 사람들이 돌을 깨뜨리거나 다듬어 도구로 이용하다가 구리와 철이라는 금속을 다루어 도구를 만들어 쓰면서 또 다른 문명시대를 개척한 것이다. 돌 속에 들어 있는 금속을 빼내려면 높은 열을 가해 녹여 내야 한다. 그런데 높은 열을 얻기 위해서는 단순한 장작불만으로는 부족하다. 그래서 사람들이 생각해 낸 방법은 가마를 만들고 그 안에서 불을 때어 금속을 녹여 내는 것이었다. 연료 또한 나무 대신에 숯을 구워 높은 열을 얻을 수 있었다. 새로운 시대의 도래는 시간이 지나면서 저절로 찾아온 것이 아니라 그 동안 사람들이 부단히 노력하면서 얻어 낸 과학 기술의 개가라고 해도 그리 틀리지 않다. 이처럼 생활이 발전하기 위해서는 문화의 발전이 필요하고, 이를 위해서는 과학과 기술의 발전이 전제되어야 한다.

과학과 기술의 발전이 문화 발전으로 이어진 것은 너무나 당연한 일이고, 문화 발전의 뒤에는 과학 기술의 발전이 밑받침되어 자리한다는 것은 누구나 알고 있는 사실이다. 우리나라에서도 삼국시대, 고려시대, 조선시대를 살펴보더라도 문화 발전에는 항상 과학 기술의 발전이 밑받침되어 함께 이루어졌다는 것을 살펴볼 수 있다. 가까운 조선시대만 보더라도 문화가 크게 발전한 세종 때에는 집현전을 중심으로 과학과 기술의 발전이 있었고, 조선의 르네상스로 불리는 영·정조 시대에도 규장각을 중심으로 한 실학이라는 이름의 과학과 기술의 발전이 있었다는 사실을 잘 알아야 한다.

우리가 자연에서 얻은 재료를 얼마나 훌륭하게 생활에 이용하고 있는가에 대한 하나의 좋은 예를 볏짚에서 찾아볼 수 있다. 우리는 농사짓고 난 다음에 얻는 볏짚은 하나라도 버리지 않고 철저히 이용하였다. 추수가 끝난 다음에는 마당 한 구석에 볏단을 쌓아 짚가리를 만들어 두었다가 필요한 때에 적당히 이용하였다. 우선 몇 년에 한 번씩은 볏짚으로 이엉을 엮어 초가집의 지붕을 이었고, 흙담 위에도 이엉을 덮어 비에 흙담이 흘러내리지 않도록 하였다. 추운 겨울을 대비하여 의식주의 준비를 마친 한적한 시간에는 짬을 내어서 볏짚에 물을 뿌리고 추린 다음에 굵기가 다른 여러 종류의 새끼를 꼬아 두었다가 요모조모로 필요한 생활 도구를 만들어 이용하였다.

새끼와 볏짚을 이용해 짠 가마니는 곡식을 갈무리하는 훌륭한 도구이다. 볏짚의 틈새로 공기가 드나들 수 있으므로 곡식을 오랫동안 보관하더라도 썩거나 상할 염려가 없었다. 가마니뿐만 아니라 봄부터 겨울까지 살아가는 데 필요한 여러 가지 생활 도구를 볏짚으로 만들어 이용하였다. 씨앗을 담아 두는 종다래끼, 작은 물건을 담는 망태, 재까지도 퍼 담을 수 있는 삼태기, 암탉이 달걀을 낳거나 병아리를 까는 닭둥우리, 마당에 카펫처럼 까는 멍석과 작은 크기의 방석은 물론이고 짚신과 도롱이까지 만들어 신발과 옷으로도 이용하였다. 볏짚으로 만든 물건들은 그저 단순한 생활 소도구들이 아니었다. 생활 속에서 몸으로 익혀 만들어 낸 생활 도구에는 예술적인 아름다움까지도 곁들여 있었기에 사람들은 생활 속에서 잘 드러나지 않는 멋까지도 즐길 수 있었다.

생활 도구를 만들고 남은 지푸라기는 아궁이로 들어가 불쏘시개로 이용되던가 아니면 헛간의 두엄더미에 더해져 다음 해 농사에 필요한 퇴비로 탈바꿈하였다. 또 짚단은 추운 겨울날 아궁이에 불을 지펴 밥을 짓거나 방을 데우는 땔감으로도 이용되었다. 타고 남은 재 또한 잿물을 내려 빨래에 이용하거나 두엄더미에 더해져 퇴비의 일부가 되었다. 이렇게 하찮아 보이는 볏짚이라 하더라도 어느 것 하나도 허투루 버리지 않고 깨끗이 이용하고 재활용하였기에 부족한 살림 속에서도 넉넉하고 여유 있는 생활을 할 수 있었다.

물론 당시의 생활이 자급자족의 경제 체제였기에 모든 것을 알뜰히 모아 활용하였다고 생각할 수 있다. 그렇지만 그것은 단순한 재활용이 아니고, 또한 어쩔 수 없이 이용한 것도 아니라 스스로 찾아서 끝까지 버리지 않고 철저히 이용한 생활의 지혜로 보는 것이 훨씬 바람직하다. 생활의 지혜는 살림살이에서 이용되는 그저 단순한 하나의 방법이라고 생각하기가 쉽다. 그러나 조금만 꼼꼼히 따져 보면 그 안에는 엄청난 과학적 사실이 숨어 있다. 그것은 아마도 오래전부터 생활 속에서 체험적으로 느끼고 깨달은 자연의 이치를 살림의 방편으로 이용하였기 때문일 것이다. 새로운 과학 이론이나 특별한 기술로 그 이유를 설명하지 않더라도 우리는 경험적으로 생활에 도움이 되는 결과가 무엇인지를 알았던 것이다.

사람들은 누구나 살아가는 동안에 편하고 행복한 생활을 즐기고자 노력한다. 사람들의 생활은 어느 날 갑자기 요술 부리듯이 바뀌는 것이 아니다. 사람들의 노력에 의해 지혜가 모이고 이러한 지혜와 경험이 쌓여서 과학과 기술의 발전으로 이어진다. 더 나아가 과학 기술의 발전에 힘입어 생활 곳곳에서 조금씩 쓰임새가 나아지기 마련이다. 과학 기술의 발전에 의한 생활의 발전은 물질적인 면에서 풍족함을 만들어 주지만, 생활의 풍요가 반드시 정신적인 여유로까지 이어지는 것은 아니다. 많은 사람들은 물질적 풍요를 바탕으로 생활에서 여유를 느낄 때에 비로소 문화의 발전이 이루어진다고 생각한다.

3. 생활 과학과 의식주

우리 전통문화 가운데에서 얼른 생각나는 것을 꼽아 보라면 대부분의 사람들은 둥근 곡선의 아름다움을 자랑하는 초가집과 기와를 정성스레 올린 기와집을 떠올린다. 뒤이어 추운 겨울에 먹으려고 절인 배추에 갖은 양념을 버무려 만든 김장김치와 정갈하게 지어 입은 하얀 무명옷을 떠올리는 경우가 많다. 이런 여러 가지 전통문화는 생활 속에서 지금까지 전해 내려오는 의식주(衣食住)의 대표적인 요소이기 때문에 더욱 우리 마음에 남아 있다.

전통문화와 더불어 우리의 미래를 생각해 본다면 아무래도 과학과 기술의 발전 분야를 빼놓을 수 없다. 우리나라 사람 거의 대부분이 이용하고 있는 휴대폰만 하더라도 과거에는 상상할 수 없는 과학기술의 발전 결과라고 말할 수 있다. 전국을 하루 생활권으로 만들어 준 고속도로와 고속철도를 빼놓을 수 없고, 우리가 사는 집도 어느 사이엔가 국민의 절반 이상에 사는 고층아파트로 바뀌었다.

우리가 매일 먹는 음식과 입고 다니는 옷도 시간에 쫓겨서인지 사 먹는 음식과 사 입는 옷으로 바뀐 것도 미처 깨닫지 못할 정도이다.

이와 같이 우리 생활 속에 녹아 있는 전통문화와 우리가 살고 있는 현재와 앞으로 나아가는 미래 생활 속에서 누구나 한번쯤 생각해 볼 수 있는 것은 우리가 느끼고 생각하는 정신적인 문제일 것이다. 예전의 우리 생활을 돌이켜 본다면 의식주 각 부분에 녹아 있는 자연주의적인 생각이 있었고, 그리고 모든 것이 비록 부족하지만 함께 나누는 정신이 두레라는 이름으로 존재하였다. 그러던 것이 생활의 각 분야가 발전한 지금에 와서는 육체적으로 힘든 부분을 기계가 대신하면서 조금씩 인간미가 사라져 가며 하루하루를 바쁘게 살아가는 모습이 대신하고 있다.

우리 생활과 관련된 문화재 가운데 한 가지 흥미로운 건축물로 석빙고를 꼽을 수 있다. 석빙고는 말 그대로 얼음을 보관하던 돌로 만든 건축물이다. 요즘처럼 냉장고가 일반화되지 않은 시절에 추운 겨울날 석빙고에 넣어 둔 얼음이 더운 여름을 지나 가을까지도 녹지 않게 보관할 수 있었다는 것은 아무리 생각해 보아도 그냥 보아 넘길 일이 아니다. 지금까지 남아 있는 석빙고의 흔적은 그리 많은 편이 아니지만, 석빙고가 갖추고 있는 안과 바깥의 구조를 살펴보면 어느 정도 그럴 만한 이유를 짐작할 수 있다.

우선 석빙고 내부는 돌로 기둥과 벽을 만들고 그 위로는 흙을 덮어 언뜻 보면 마치 고분처럼 보인다. 그렇지만 안에서 얼음이 녹은 물은 배수로를 따라 밖으로 흘러나가게 하였고, 더운 공기는 한데 모아 바깥으로 내보내는 구멍이 있으며, 얼음을 넣고 꺼내는 문이 있어 안과 밖이 서로 통하는 건축물이다. 석빙고의 천장은 요즈음 건축물처럼 평평하지 않고, 같은 크기의 돌을 무지개처럼 잇대어 아치 모양으로 만들었다. 아치 모양의 돌기둥은 1~2m 간격을 두고 4~5개를 만들어 그 사이사이마다 움푹 들어간 빈 공간이 있게 하였다. 이러한 천장의 빈 공간에 자연스럽게 석빙고 내부의 더운 공기를 가두어두는 지혜를 찾아내었다.

차가운 겨울이 지나 점차 날씨가 따뜻해지면서 석빙고 안에는 조금씩 더운 공기가 생기고, 여름날에 얼음을 꺼내기 위해 문을 열면 밖에서 더운 공기가 안으로 들어온다. 석빙고 안의 더운 공기는 기체의 대류 현상에 의해 위로 올라가는데, 위로 올라간 더운 공기는 천장의 빈 공간에 자연스레 갇혀 버린다. 그런 다음 더운 공기는 위쪽에 있는 환기 구멍을 통해 바깥으로 빠져나가도록 되어 있다. 더운 공기를 밖으로 내보내는 환기 구멍은 2~3개 만들었고, 구멍에는 뚜껑돌을 얹어 빗물이나 직사광선이 들어가지 못하도록 하였다.

또한 석빙고 바닥은 조금 기울게 만들어 얼음 녹은 물이 한편으로 흘러내리도록 하였고, 녹은 물을 바깥으로 빼내는 배수시설도 갖추었다. 석빙고 바깥을 덮고 있는 흙에는 잔디를 심어 태양 복사열을 막았고, 둘레에 담장을 둘러 바깥 공기가 들어오지 못하게 했다. 흙을 덮을 때에도 진흙과 회를 섞어 방수 효과도 높였다. 또한 얼음을 저장할 때에도 얼음 사이사이뿐만 아니라 벽과 천장 사이에도 볏짚과 왕겨, 갈대 등을 채워 넣었다. 특히 볏짚은 요즘 건축에서 단열재로 사용하는 스티로폼처럼 내부에 비어 있는 공간이 많아 열을 차단하는 효과가 높다. 이 밖에도 석빙고에는 특별한 냉각장치가 하나 더 있는데, 그것은 석빙고 문 옆에 세로로 붙어 있는 날개벽이다. 겨울에 부는 찬바람이 이 날개벽에 부딪히면 소용돌이치면서 석빙고 안쪽으로 더욱 빠르고 힘차게 밀려들어가 안을 꽁꽁 얼어붙게 만든다. 이처럼 우리는 자연의 재료만으로도 현재의 과학에 뒤쳐지지 않는 얼음 보관방법을 찾아 석빙고라는 건축물을 만들어 생활에 이용하였다. 그야말로 그 안에는 우리가 생각하기 어려운 여러 가지 생활의 지혜가 오롯이 녹아들어 있다.

추운 겨울에 꽁꽁 언 얼음을 보관했다가 한여름을 시원하게 지내게 해주는 석빙고의 지혜가 있다면, 추운 겨울을 대비하는 지혜는 김장김치에서 살펴볼 수 있다. 푸성귀를 쉽게 구할 수 없는 한겨울에 배추와 무를 김치로 만들어 식생활의 어려움을 극복한 생활의 지혜를 살펴볼 수 있다. 김치는 무어라고 해도 우리나라 사람들이 만들어 낸 발효과학 제품이다. 김치를 담글 때에 배추를 소금에

절이는데, 이때 대부분의 미생물은 죽어 버리지만 김치 발효균인 유산균(젖산균)은 짠 상태에서도 버틸 수 있는 내염성을 가졌기에 살아남는다.

김장을 담근 후에는 숨 쉬는 항아리에 김치를 포기째로 하나둘 꾹꾹 눌러 담는다. 김치를 항아리에 눌러 담는 것은 제한된 공간에 많이 담으려는 의도도 있겠지만, 공기가 잘 통하지 않도록 해서 김치발효균만이 살아갈 수 있는 상태로 만들어 주는 것이다. 공기가 잘 통하는 곳에서는 김치발효균 이외의 여러 종류 미생물들이 함께 번식해서 맛있는 김치로 발효시키지 못하기 때문이다. 항아리에 김치를 담고 납작한 돌을 얹어 두는 것에도 김치 속의 공기를 빼내어 김치발효균만 활동하게 해서 맛있는 김장김치로 익게 하려는 지혜가 들어 있다.

항아리에 담아 땅속에 묻어 둔 김장김치는 강추위에도 얼지 않아 끼니때마다 밥상을 넉넉하게 채워 준다. 따라서 추운 겨울에 김치 한 가지만 밥상에 올려도 얼마든지 맛있게 밥을 먹을 수 있다. 추운 겨울날 땅속에 묻은 항아리에서 꺼낸 김치는 그야말로 시원한 감칠맛으로 사람들의 입맛을 돋운다. 사람들이 그 맛을 잊지 못하고 땅에 묻어 둔 김칫독이 영하 1℃ 정도라는 것을 알아내어 흉내를 낸 것이 요즈음 집집마다 애용하는 김치냉장고라고 한다. 이처럼 사람들이 전통과 자연을 생각하고 이것을 따라 하고자 노력한 결과가 오늘날 우리 생활에 도움을 주는 발명품까지 만들어 내게 된 것이다.

추운 겨울을 이겨내는 방법으로는 여러 가지를 꼽아 볼 수 있다. 아궁이에 불을 때 방바닥을 따뜻하게 만들어 지내는 온돌난방법은 물론이고, 매운 고춧가루를 양념으로 넣어 잘 익은 김치를 먹고 혈액 순환을 높여 발바닥까지 열나게 만들어 겨울을 나는 방법도 있다. 그러나 하루하루를 살아가는 사람들에게 추위를 이겨내는 데 가장 필요한 것은 무엇보다도 몸을 감싸는 옷이라고 할 것이다. 우리가 오래전부터 입고 살던 옷은 지금의 옷이 아니라 한복이라고 부르는 옷이다. 물론 시대가 바뀌고 사정이 변해 요즈음 우리가 입는 옷으로 바뀌었지만, 한복이 가진 아름다움과 실용성은 오늘날 우리가 입는 옷과 비교해도 크게 뒤지지 않는 장점을 갖고 있다.

우리의 전통 옷인 한복의 특징은 무엇보다도 넉넉함이라고 하겠다. 한복은 깃 사이를 넓게 하여 가슴을 시원하게 하고, 허리를 묶어 배가 따뜻하게 하므로, 건강에도 좋은 상태를 만든다. 요즈음 옷은 몸에 맞게 입체적으로 만들어 옷을 입으면 움직이는 데 제한을 받지만, 한복은 평면적으로 재단하여 만들어 몸의 움직임에 여유가 많다. 한복을 입으면 어깨를 자유롭게 돌릴 수 있고, 무릎도 쉽게 구부렸다 펼 수 있어서 몸을 움직이는 데에 어려움이 없다. 그런데도 옷이란 몸에 딱 맞아야 한다고 생각한 나머지 몸에 비해 커 보이는 한복을 입으면 불편할 것이라고 생각하는 사람들이 많다.

넉넉함이 특징인 한복은 옷과 몸 사이에 충분한 공기층을 만들어 주므로 단열효과가 크다. 그래서 한복을 입으면 겨울철에는 따뜻하게 그리고 여름철에는 시원하게 지낼 수 있다. 실제로 몸에 딱 맞는 운동복을 입었을 때에는 의외로 춥다는 것을 느끼지만, 이와 반대로 한복을 입어 보면 비록 두껍지 않아도 춥지 않다는 것을 느낄 수 있다. 한복의 저고리 소매는 아래로 넓히며 끝은 좁히고 토시를 차며, 한복 바지는 넓게 하여 대님으로 행전을 친다. 이런 한복의 소매와 바지 특징은 밖의 공기를 차단하면서도 통풍은 잘 되게 해준다. 이러한 한복을 특징을 이해하면 더위와 추위를 슬기롭게 이겨냈던 옛 사람들의 지혜를 엿볼 수 있다.

우리 생활 속에는 여러 가지 전통문화가 있다. 오랜 세월을 살아온 이 땅에서 독특한 문화를 이루고 살아온 우리들이기에 의식주를 비롯한 모든 분야에서 의외로 많은 문화가 곳곳에 남아 있다. 이처럼 다양한 전통이 있었기에 오늘이 있고 또한 우리의 미래가 펼쳐질 것이다. 그런데도 많은 사람들은 우리의 전통 문화를 제대로 돌아보지도, 살펴보지도 않으려 한다. 우리 선조들이 오랜 세월 이 땅에서 입고 살아온 한복을 촌스럽고 불편한 옷이라고 생각하면서, 우리 옷을 옷이라 부르지 않고 한복이라 부르면서, 우리 음식과 집을 각각 한식과 한옥으로 부르면서 우리는 우리 전통으로부터 점점 멀어지고 있다.

그러나 우리의 현재는 분명히 인간적이고도 과학적인 우리 전통문화가 있었기에 가능한 일이었다고 본다. 그리고 우리의 생활은 앞으로도 더욱 발전할 여지가 있다. 이를 위해 우리는 자연주의적이고도 인간적인 우리 전통문화를 좀 더 보듬고 발전시켜 나가야 하겠다. 다시 말해서 우리의 전통문화에 과학을 접목시켜서 미래의 우리 자손들에게 또 다른 전통을 만들어 주고자 노력해야 한다. 오랜 역사와 문화 속에 남아 있는 전통과 미래는 완전히 다르고 새로운 것이 아니라 서로가 하나로 통하는 것이기에 우리의 하루하루 생활도 옛날부터 오늘까지 줄곧 이어져 내려오고, 또 내일을 향해 나아가고 있다.

| 감상문 |

세속에 감추어진 우리 문화 체험

김재백(응용생명과학부)

복현모둠강좌의 첫 시간에 나의 마음을 따뜻하게 해주는 수업을 들을 수 있어서 참 즐거웠다. 매 시간마다 교수님이 바뀌는 수업, 과연 내가 적응할 수 있을까, 수업에 집중은 잘할 수 있을까 걱정했었는데 걱정은 오산이었다.

〈담장 속의 과학〉, 제목을 보고 있자니 어떤 수업이 될지 전혀 감이 오지 않았다. 그러나 진행되는 수업 속에서 우리나라 문화를 체험하고 부족하나마 하나하나 관찰해 나가는 것이 내겐 큰 기쁨이었다. 무엇보다도, 우리 문화가 이렇게나 훌륭했다는 사실이 나를 완전히 압도했다. 늘 침략당하기 일쑤였고, 중국에게 조공을 바치던 나라, 이웃 섬나라에게 통치권을 빼앗기고 나라마저 잃은 나라, 나에게 있어서 대한민국의 역사는 처참하고 암울하기 그지없었다. 그러나 그 참혹한 역사 가운데서도 끝까지 잃어버리지 않고, 빼앗기지 않고 버텨 온 것, 그것은 바로 우리 옛 문화요 관습이었다. 담장의 구조와 기능, 과학적으로 설계된 온돌의 구조, 그리고 고샅길과 추사고택의 사랑채 등 우리 선조의 문화와 과학기술이 너무나 아름답고 출중하다는 사실이 새롭게 다가왔다.

그와 더불어 자연스레 깨달을 수 있었던 것은 바로 우리 선조의 자연에 대한 애틋함이었다. 사소한 것 하나라도 자연을 훼손하지 않고 오히려 자연과 잘 어우러져 한 폭의 그림을 만드는 그러한 과학관, 자연관,

문화관을 우리 선조들은 갖고 있었다. 눈에 보이지 않는 세밀한 부분까지 정성들여 만든 흔적에서 우리나라 사람 특유의 책임감과 섬세함, 또 우리 문화의 위대함을 새삼 느낄 수 있었다. 자연을 너무나 사랑한 나머지 자연을 숭배하기까지 한 우리 문화, 이 사실 하나만으로도 자연에 대한 경외심과 사랑을 충분히 느낄 수 있었다. 이 사실을 오늘날에 적용해 보았다. 오늘날엔 자연에 대한 애틋함이 많이 사라졌다. 경제성장을 위해서라면 무엇이든 가리지 않고 닥치는 대로 자연을 사용해 왔던 지난날이, 그리고 오늘날이 떠오른다. 그 덕에 지금 우리는 무자비하게 자연을 훼손시킨 것에 대한 응징이라도 되는 양 지구 온난화, 쓰나미 등 대대적인 자연의 심판을 받고 있다. 이제야 부랴부랴 친환경적인 제품을 만들기 위해 노력하고 있지만 여전히 역부족이다. 이제 와서 되돌리기엔, 지난날의 폐해가 너무나도 크다.

마지막으로 수업을 회고하면서 느낀 것은 담장에 대한 새로운 인식이었다. 정말 요즘 담장은 답답함, 칙칙함의 상징이다. 또한 이웃과의 관계에 있어서 차가움의 상징이기도 하다. 냉혹하다, 무자비하다. 그러나 옛날의 담장은 그저 경계의 표시일 뿐, 그 이상도 그 이하도 아니었고, 인간관계에서 따스함을 느낄 수 있었다. 이것은 우리 민족 특유의 끈끈한 정을 유발시킨 장본인이 아닌가 하는 생각이 든다. 오늘날엔 불신과 개인주의의 상징인 담장이, 우리 전통에선 소통과 관계의 장이었다.

이렇게 우리 문화를 바라보는 인식이 바뀌고 관점이 바뀌니 순간 모든 것이 아름답게 보인다. 여태껏 부정적으로 바라보았던 것들조차 그 본질에는 선하고 아름다운 것이 내재되어 있었음을 새삼 깨닫게 된다. 좀 늦긴 했지만, 아직 희망은 있다. 우리는 아름다운 우리 전통문화를 재

탄생시킬 수 있을 것이다. 세속에 감추어진 우리 문화가 다시금 고개를 떳떳이 내밀 그날을 기대해 본다.

| 두 번째 강의 |

훈민정음 제자 원리의 과학성과 현대적 활용

백두현(경북대 국어국문학과)

1. 마중말

우리가 '과학'이 무엇인지를 생각할 때 가장 먼저 떠올리는 것은 '서구에서 들어온 근대과학'일 것이다. 서구의 근대과학은 현대 인간의 삶을 크게 변화시켰다. 이 점은 한국인에게도 예외가 아니어서 한국인의 일상생활은 크게 달라졌다. 의식주 가운데 의생활(衣生活)은 거의 서양식으로 바뀌었다. 한복은 특별한 기념일에나 입는다. 주생활(住生活)에 있어서도 한옥은 거의 박제화 상황에 이르렀다. 한옥은 문화재 보존 차원에서 다루어질 뿐 생활 공간으로서의 기능을 거의 상실해 버렸다. 아파트와 양옥이 한국인의 집을 장악해 버렸다. 식생활에서는 서양식이 많이 도입되긴 했지만 그나마 덜 변한 부분이다.

현대의 문명사회는 서구에서 발전된 과학과 기술에 의존해 있다고 해도 과언이 아니다. 인류의 3대 발명품으로 종이·나침반·화약을 꼽는다. 이 셋은 모두 중국의 고대 문명에서 비롯된 것이다. 조셉 니이덤(Joseph Needham)은 『중국의 과학과 문명』이라는 책에서 중국 전통 문화에 내재된 과학적 우수성을 특별히 서술하였다. 그러나 중국의 이런 공로는 모두 과거지사가 되었고, 현대 과학의 주류는 결코

되지 못한다. 동양에도 천문학이 있었고, 의학이 있었으며, 식물학(本草學)이 있었다. 왜 동양의 전통과학은 현대에 와서 맥도 쓰지 못하고 서양과학에 압도당해 버렸을까?

우리에게 매우 익숙한 두 용어이지만, '과학'과 '기술'의 차이를 새삼 확인할 필요가 있다. 전자는 기초과학에 가깝고, 후자는 응용과학과 연관성이 높다. 수학이나 물리학 같은 분야는 기초과학 분야이다. 당장 실용적으로 쓰이지 않지만 미사일이나 우주 로켓 발사 기술에 토대가 된다. '기술'은 당장 실용적으로 쓸 수 있는 응용과학 분야와 직결된다. 질병 백신 개발·새로운 IT 기술 등은 실용성이 높은 응용과학의 기술에 속한다.

가만히 생각해 보면 동양의 전통 과학은 응용적 측면, 즉 기술에 치우쳐 있었다. 현대의 수학과 물리학, 유전학 등의 기초과학은 모두 서양에서 수입한 것이다. 심지어 사회과학과 인문학의 제 영역과 이론들도 거의가 서양의 수입품이다. 동양은 현대과학의 주류에서 완전히 밀려난 것으로 보인다. 이와 같은 결과가 생겨난 원인은 기초과학의 발달 여부에 있다. 기초과학 없이는 응용과학에서 기술적 혁신을 일구어내기 어렵다. 달리 말해 기초과학의 토대 없이는 획기적인 기술 혁신을 이루어낼 수 없다. 기초과학 없이 대포는 만들 수 있지만, 미사일은 만들 수 없다. 미사일 발사에는 기하학과 대수학 등 수학적 기초와 물리학의 연구가 필수적이다. 동양의 전통 과학은 실용적 기술 수준에 멈추었고 더 나아가지 못했다. 기술이란 하루가 다르게 변화하는 사회에서는 낙후되기 쉬운 것이다. 전통 과학의 기술은 더더욱 말할 것도 없다.

우리나라가 과거의 역사 속에서 이룩한 과학적 성취에는 무엇이 있을까? 우리는 많이 들어 왔다. 최초의 금속활자는 고려 사람들이 만들었다. 이들은 비색(翡色)의 청자를 만드는 기술도 갖고 있었다. 세종 때는 혼천의·자격루·측우기 같은 천문 관측 기기를 제작하는 등 뛰어난 기술력을 발전시켰다. 과거 우리 민족의 이런 성취는 과학사의 측면에서 어떤 의미를 가진 것일까? 이러한 과거의 기술들은 현재 우리의 삶에 어떤 영향을 미치고 있을까? 전통 학문이 이루어낸 과학적 성취는 현대 한국인의 삶에 아무 의미 없는 것으로 폐기되어 버렸을까?

우리에게는 궁금한 것이 참 많다. 그러나 이 글을 쓰는 필자는 국어학자이다. 이런 질문에 대해 제대로 된 답을 할 수 있는 처지가 못 된다. 다만 이 글을 통해 필자는 우리의 전통 문화 자산, 특히 훈민정음 해례본에 나타난 과학적 성취와 그것의 현대적 의미를 설명해 보려 한다.

2. 훈민정음의 과학성

1) 훈민정음 초성(初聲)의 과학성

우리는 훈민정음, 즉 한글이 세계적으로 우수한 문자이고 과학적 원리를 바탕으로 만들어졌다는 이야기를 많이 들어 왔다. 이 말은 과연 어느 정도 진실일까. 진실이라면 어떤 점에 있어서 이 문자를 과학적이라 하는 것일까. 이 문자에 담겨 있는 과학적 원리가 현대인들에게는 어떻게 작용하고 있는지 알아보자.

먼저 한글 글자의 모양에 대해 생각해 보자. 다음은 한글 초성(子音) 글자들이다. 글자꼴이 비슷한 것끼리 묶어서 아래의 작은 도형 안에 넣어 분류해 보자.

ㄱ ㄴ ㄷ ㄹ ㅁ ㅂ ㅅ ㅇ ㅈ ㅊ ㅋ ㅌ ㅍ ㅎ

ㄲ ㄸ ㅃ ㅆ ㆀ ㅉ ㆅ

ㆁ ㄹ ㅿ ㆆ

분류하기

↓

ㄱ,( ),( )	ㄴ,( ),( ),( )	ㅁ,( ),( )	ㅅ,( ),( ),( )	ㅇ,( ),( )	ㆁ,( ),( )

비워 둔 괄호 안에 알맞은 글자를 넣어보자. 여기서 알 수 있듯이, 초성에서 글자꼴이 비슷한 것은 음가도 비슷하다. 이렇게 된 원인은 이 문자를 만들 때, 초성자의 음가를 분석하여 음가가 비슷한 것끼리 글자꼴을 비슷하게 만들었기 때문이다.

훈민정음을 만드신 세종대왕이 어떻게 음성학적 관찰을 하였고 그 결과를 어떻게 기술하였을까? 이에 대한 답은 유네스코에서 세계의 기록 유산으로 인정한 책 『훈민정음』의 해례편(解例編)에 잘 나와 있다. 그 요지는 다음과 같다.

훈민정음 초성자 제자의 첫 번째 원리는 상형의 원리이다. 이 상형은 음성기관과 그 작용 모습을 본뜬 것이다. 해례에 설명된 내용은 다음 표와 같이 요약된다.

분류	상형	기본자	가획	이체
아음(牙音)	설근폐후지형(舌根閉喉之形)	ㄱ	ㅋ	ㆁ
설음(舌音)	설부상악지형(舌附上顎之形)	ㄴ	ㄷ, ㅌ	ㄹ
순음(脣音)	입모양(口形)	ㅁ	ㅂ, ㅍ	
치음(齒音)	이모양(齒形)	ㅅ	ㅈ, ㅊ	ㅿ
후음(喉音)	목구멍(喉形)	ㅇ	ㆆ, ㅎ	

[표 1] 초성자 제자의 첫 번째 원리: 음성기관 상형의 원리

아음 ㄱ은 혀가 목구멍을 막는 모양을 본뜬 것이다.

설음 ㄴ은 혀가 윗잇몸에 붙는 모양을 본뜬 것이다.

순음 ㅁ은 입 모양을 본뜬 것이다.

치음 ㅅ은 이 모양을 본뜬 것이다.

후음 ㅇ은 목구멍 모양을 본뜬 것이다.

여기에 명시되어 있듯이, 초성 기본자의 형상화에 적용한 원리는 음성기관의 조음동작과 그 모양을 본뜬 상형의 원리이다. 단지 아음과 설음은 음성기관이 움직이

는 동작을 형상화하였고, 나머지 순음, 치음, 후음은 음성기관 자체의 모양을 형상화한 것이라는 점에서 차이가 있다. 이들을 묶어서 '음성기관 상형의 원리'라 부른다. 음성기관을 상형하여 글자꼴을 만든다는 이 발상은 세계 문자사에서 전무후무한 것이었다.

이 다섯 글자의 음성학적 원리를 발음 기관으로 그려 보면 다음과 같다.

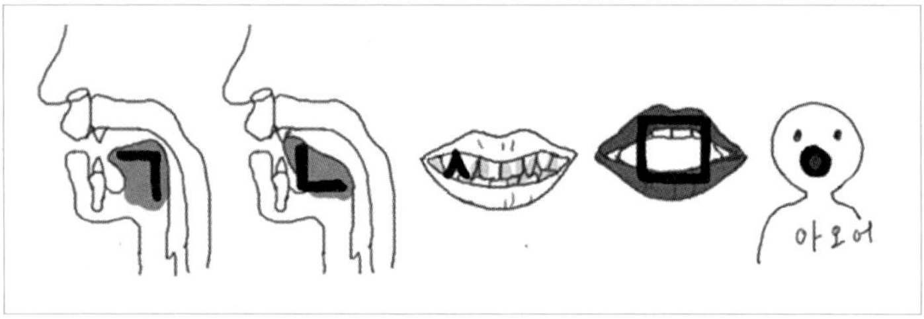

[그림 1] 훈민정음 초성 기본자의 음성기관 상형 모습

문자를 만들 때 이와 같은 음성학적 분석을 거친 것은 한글밖에 없다.

훈민정음 초성자 제자의 두 번째 원리는 '加劃(가획–획을 더함)'의 원리이다. 세종대왕은 다섯 개 기본자의 글자꼴을 만들어 낸 후, 나머지 글자를 만듦에 있어서 또 하나의 다른 원리를 창안해 내었다. 그것이 바로 가획의 원리이다. 가획의 원리는 오음의 각 기본자에 모두 적용되었다. 또한 가획은 두 번에 걸쳐 단계적으로 행해졌다. 그 결과는 다음과 같이 요약된다.

분류	기본자	1단계 가획	2단계 가획
아음(牙音)	ㄱ	ㅋ	
설음(舌音)	ㄴ	ㄷ	ㅌ
순음(脣音)	ㅁ	ㅂ	ㅍ
치음(齒音)	ㅅ	ㅈ	ㅊ
후음(喉音)	ㅇ	ㆆ	ㅎ

[표 2] 초성자 제자의 두 번째 원리: 가획의 원리

기본자에 가획을 하여 다른 글자를 만들 때 적용된 기준은 "소리가 약간 더 세다"는 것이었다. 해례본 '制字解(제자해–글자 만든 원리를 해설함)'에는 다음과 같이 명시되어 있다.

ㅋ比ㄱ 聲出稍厲 故加劃
(ㅋ은 ㄱ보다 소리가 약간 더 세게 나온다. 그런 까닭으로 가획을 하였다.)

소리의 청각적 크기가 커짐에 따라 그 요소를 글자꼴에 반영하여 획을 하나씩 더해 간 것이 가획법의 핵심이다. 가획법에 안 들어가는 글자는 '異體(이체–꼴을 달리 함)'의 개념을 적용하였다. ㄹ, ㆁ, ㅿ이 이체자(異體字)에 해당하는 글자들이다.

훈민정음 초성자 제자의 세 번째 원리는 '竝書(병서–같은 글자를 나란히 씀)'의 원리이다. 이 원리는 현대적 용어로 달리 표현하면 '반복'의 원리라고 할 수 있다. 이 병서의 원리를 요약하면 다음과 같다.

분류	기본자	병서
아음(牙音)	ㄱ	ㄲ
설음(舌音)	ㄷ	ㄸ
순음(脣音)	ㅂ	ㅃ
치음(齒音)	ㅅ	ㅆ
	ㅈ	ㅉ
후음(喉音)	ㅎ	ㆅ
	ㅇ	ㆀ

[표 3] 초성자 제자의 세 번째 원리: 병서의 원리

이 병서의 원리는 오늘날 디지털 기술의 총아인 휴대폰에서 문자 생성법의 중요 원리로 작용하고 있다.

이 세 가지 원리, 즉 발음기관 상형의 원리, 가획의 원리, 반복의 원리는 훈민정음을 과학적 문자로 만든 핵심 근거가 되었다.

地鬼神同其用也正音二十八字
各象其形而制之初聲凡十七字
牙音ㄱ象舌根閉喉之形舌音ㄴ
象舌附上腭之形脣音ㅁ象口形
齒音ㅅ象齒形喉音ㅇ象喉形ㅋ
比ㄱ聲出稍厲故加畫ㄴ而ㄷㄷ
而ㅌㅁ而ㅂㅂ而ㅍㅅ而ㅈㅈ而

[그림 2] 해례본의 음성기관 상형 본문

2) 훈민정음 중성자(中聲字)의 과학성

다음은 중성[모음] 글자들이다. 글자꼴이 비슷한 것끼리 묶어서 아래의 도형 안에 넣어 분류해 보자.

ㅏ ㅑ ㅓ ㅕ ㅗ ㅛ ㅜ ㅠ ㅡ ㅣ ·

분류하기

↓

( )	( ),( ),( ),( ),( )	( ),( ),( ),( )

중성자들의 글자꼴은 세 가지 유형의 구성소[즉 자소(字素)]로 이루어져 있다. ·, ㅣ, ㅡ가 그것이다. 이것을 기준으로 공통 자소를 가진 중성자끼리 묶어 보면 다음과 같다.

· 부류: ·
ㅣ부류: ㅣ ㅏ ㅑ ㅓ ㅕ
ㅡ부류: ㅗ ㅛ ㅜ ㅠ

그런데 ㅣ부류와 ㅡ부류는 ㅣ와 ㅡ를 제외하고 모두 ·를 공유하고 있다. 따라서 ㅡ와 ㅣ를 제외하면 모든 중성자에 ·가 들어간 셈이다. 해례본에서는 이것을 하늘의 이치가 만물에 두루 작용함과 같다고 하였다.

중성자의 글자꼴이 이렇게 정연한 모습을 띠고 있는 이유는 무엇일까? 이에 대한 답도 역시 해례본에 나와 있다. 세종대왕은 중성의 음가를 매우 정밀하게 분석하였고 이 음가를 표현할 용어를 창안하였다. 초성자 음가를 표현한 용어, 즉 전청(全淸), 차청(次淸), 전탁(全濁)은 중국의 성운학(聲韻學)에서 가져온 것이다. 그러나 중성자 음가를 표현한 용어는 중국의 성운학에 없는 것이다. 세종대왕이 중성자 음가를 기술하기 위해 새로 만든 용어는 '설축(舌縮－혀의 움츠림)', '성심(聲深－소리의 깊음)'과 '성천(聲淺－소리의 얕음)', '구축(口蹙－입술의 오므림)'과 '구장(口張－입술의 펼침)'이다. 한 예를 보이면 다음과 같다.

· 는 혀가 움츠러들고 소리가 깊다. (· 舌縮而聲深)
ㅡ는 혀가 조금 움츠러들고 소리가 깊지도 얕지도 않다. (ㅡ 舌小縮而聲不深不淺)
ㅣ는 혀가 움츠러들지 않고 소리도 얕다. (ㅣ 舌不縮而聲淺)
ㅗ는 · 와 음이 같으나 입술이 오므라진다. (ㅗ 與 · 同而口蹙)
ㅏ는 · 와 음이 같으나 입술이 펼쳐진다. (ㅏ 與 · 同而口張)

이처럼 모음 소리 하나하나에 대해 음가를 정확히 관찰하고 기술하였다. '舌縮(설축)'은 혀의 움직임을 나타낸 조음음성학적(articulatory phonetics) 술어이다. '聲深(성심)'과 '聲淺(성천)'은 소리의 느낌을 표현한 청음음성학적(auditory phonetics) 술어이다. '口蹙(구축)'과 '口張(구장)'은 원순모음이냐 평순모음이냐를 구별한 술어이니 역시 조음음성학적(articulatory phonetics) 술어이다.

중성자의 기본자 세 글자 ·, ㅡ, ㅣ는 삼재[天地人]를 본떠서 글자꼴을 만들었다. 이 세 개의 기본자를 서로 조합하여 다른 글자를 만들었다. 중성자 조합의 원리를 요약하여 보이면 다음과 같다.

기본자	초출자	재출자
·	ㅡ + · = ㅗ	ㅗ + · = ㅛ
ㅡ	ㅡ + · = ㅜ	ㅜ + · = ㅠ
ㅣ	ㅣ + · = ㅏ	ㅏ + · = ㅑ
	ㅣ + · = ㅓ	ㅓ + · = ㅕ

▲ [표 4] 중성자 조합의 원리

▶ [그림 3] 해례본에서 중성 기본자를 설명한 부분

聲多也。中聲凡十一字。• 舌縮而聲深。天開於子也。形之圓象乎天也。一舌小縮而聲不深不淺。地闢於丑也。形之平象乎地也。丨舌不

이 조합의 원리는 매우 질서정연하고 체계적이어서 오늘날 휴대폰 문자 생성 기술에 그대로 활용되고 있다. 과학적 원리가 내재된 글자꼴이기 때문에 현대의 첨단 기술에도 적용될 수 있는 것이다.

종성은 초성을 다시 쓰도록 하여 별도 글자를 만들지 않았기 때문에 음성 분석 단계가 없고 따라서 별도의 글자꼴도 없다.

	음성 분석	기본자 글자꼴 결정	나머지 글자꼴
초성자	음성기관의 조음방법과 음성기관의 형태 분석	상형의 원리 (음성기관상형, ㄱㄴㅁㅅㅇ)	가획의 원리 (소리의 세기에 따라 가획) 반복의 원리(병서법)
중성자	설축/설소축/설불축, 성심/성천, 구축/구장	상형의 원리 (삼재 天地人의 상형, ㆍ ㅡ ㅣ)	조합의 원리, 음양의 원리 (초출자와 재출자 만들기)
종성자		종성부용초성 (종성은 초성을 다시 쓴다.)	

[표 5] 초·중·종성자의 제자 원리 요약

3) 초성자, 중성자, 종성자를 결합하는 원리

한글은 기본적으로 음소문자이다. 음소문자를 쉬운 말로 하면 알파벳이다. 세종대왕은 훈민정음의 초성, 중성, 종성을 음소문자로 만들어 놓고, 이 셋을 서로 결합하여 한 글자를 만든다는 규정을 두었다. 이로써, 실제 운용에서 이 문자는 사실상 음절문자로 기능하게 되었다. ㄱ과 ㅏ를 합하여 '가'를 만들고 여기에 다시 종성을 받침으로써 '감', '각' 따위를 만든 것이 그것이다. 이와 같이 초성·중성·종성을 합쳐서 한 글자를 만든 이유는 무엇일까? 여기에는 당시의 사상적 원리가 내포되어 있다.

해례본에서는 초성, 중성, 종성을 각각 천지인(天地人)이라는 삼재(三才)에 대응시키고 있다. 다음이 그것이다.

초성에는 발동의 뜻이 있으니, 하늘의 일이요. (初聲有發動之義 天之事也)

종성에는 지정의 뜻이 있으니, 땅의 일이요. (終聲有止定之義 地之事也)

중성은 초성이 생겨남을 잇고, 종성의 이룸을 받으니, 사람의 일이다. (中聲承初之生 接終之成 人之事也)

천지인이 서로 호응하고 작용하여 만물을 이루어 내듯이 초성·중성·종성이 합쳐져야 말소리가 이루어진다고 생각한 것이다. 사람은 하늘과 땅 사이에 있는 중간자적 존재이다. 사람은 하늘과 땅 사이에 있으면서 하늘이 낸 것과 땅이 낸 것으로 새로운 것을 만들어 낸다. '工'자의 모양을 보라. 하늘(ㅡ)과 땅(_) 사이에 사람(|)이 놓여 있다. 사람이 하늘과 땅을 연결 짓고 있는 것이 '工'이다. 초성·중성·종성이 합쳐져 하나의 소리를 이루는 것도 이와 같은 이치이다. 우리가 '감'처럼 초·중·종성을 모아쓰는 데는 이와 같은 사상적 의미가 함축되어 있다.

초성·중성·종성을 모아쓰기로 한 실용적 이유는 당시의 주류 문자였던 한자(漢字)와의 호환성을 높이기 위함이었다. 모아쓰기를 하여 한글을 한자와 같은 사각형 형태로 만들어 한자와 한글이 서로 잘 어울리도록 만든 것이다.

4) 언어 · 문자 · 세계의 통합적 인식: 통합적 세계관

훈민정음 해례본의 내용에는 언어 음성과 문자에 대한 전반적 인식 틀이 반영되어 있다. 동서를 막론하고 전통 학문은 통합적 사유를 바탕으로 하고 있다. 그리스와 로마의 학자들은 요즘 말로 하면 자연과학·인문학·사회학을 넘나드는 백과사전적 지식인이었다. 조선시대의 학자들도 마찬가지였다. 세종대왕을 포함한 집현전 학자들은 유학자이면서 언어학자였고, 천문학자였으며 박물학자였다. 이들은 언어의 말소리와 그것을 표현한 문자를 삼라만상 전체와 연관시켜 통합적으로 인식했다. 해례본에 나타난 문자와 언어에 대한 설명을 종합하여 당시 지식인이 언어 음성을 어떻게 인식했는지를 요약해 보이면 다음 표와 같다.

五　音	牙	舌	脣	齒	喉
基本音	ㄱ	ㄴ	ㅁ	ㅅ	ㅇ
五　行	木	火	土	金	水
五　聲	角	徵	宮	商	羽
四　時	春	夏	季夏	秋	冬
四　方	東	南	中	西	北
五　臟	肝	心	脾	肺	腎
五　常	仁	禮	信	義	智

[표 6] 말소리와 문자에 대한 통합적 인식

당대의 세계관과 사상의 근본 원리를 언어 음성과 글자꼴에 적용하여 통합적으로 인식한 사유의 틀을 위 표에서 읽을 수 있다. 이러한 인식 세계는 15세기 당시 조선의 최고 지식인이 배우고 행한 사유의 결과라 할 수 있다. 천지만물의 생성과 변화의 원리를 훈민정음 중성 체계에 고스란히 담아낸 것은 훈민정음에 사상적 깊이를 부여한 학문적 성취라 할 수 있다.

이러한 인식 체계와 학문적 틀 전체를 현대의 서구 과학적 관점에서 어느 것이 옳고 어느 것은 틀렸다고 재단하는 것은 위험하다. 당대 지식인의 학문적 사유에서 해석하고 바라보는 관점이 오히려 이 체계를 합리적으로 이해할 수 있는 길이기 때문이다.

5) 제자 원리와 IT 기술의 결합: 휴대폰 문자 입력 방식

우리가 쓰는 휴대폰 문자 입력 방식은 회사에 따라 약간씩 다르다. 삼성의 천지인 방식은 훈민정음 제자 원리에 가깝기는 하지만 일치하는 것은 아니다. [표 7]은 휴대폰 제작사별 자모음 글자들이다.

	자음	모음	표시된 음운
모토로라	ㄱ, ㄴ, ㄷ, ㄹ, ㅁ, ㅂ, ㅅ, ㅇ, ㅈ, ㅊ, ㅋ, ㅌ, ㅍ, ㅎ(14개)	ㅏ, ㅓ, ㅗ, ㅜ, ㅡ, ㅣ(6개)	20개
천지인	ㄱ, ㄴ, ㄷ, ㄹ, ㅁ, ㅂ, ㅅ, ㅇ, ㅈ, ㅊ, ㅋ, ㅌ, ㅍ, ㅎ(14개)	ㅡ, ㆍ, ㅣ(3개)	17개
나랏글	ㄱ, ㄴ, ㄹ, ㅁ, ㅅ, ㅇ(6개)	ㅏ, ㅓ, ㅗ, ㅜ, ㅡ, ㅣ(6개)	12개
SKY	ㄱ, ㄴ, ㄷ, ㄹ, ㅁ, ㅂ, ㅅ, ㅇ, ㅈ, ㅊ, ㅋ, ㅌ, ㅍ, ㅎ(14개)	ㅏ, ㅑ, ㅓ, ㅕ, ㅗ, ㅛ, ㅜ, ㅠ, ㅡ, ㅣ(10개)	24개
한글사랑	ㄱ, ㄴ, ㄷ, ㄹ, ㅁ, ㅂ, ㅅ, ㅇ, ㅈ, ㅊ, ㅋ, ㅌ, ㅍ, ㅎ(14개)	ㅡ, ㆍ, ㅣ(3개)	17개

[표 7] 주요 휴대폰 제작사별 문자 입력 비교

해례본에 설명된 제자 원리와 가장 일치하는 것은 '주식회사 언어과학'에서 특허로 등록한 글자판과 문자 조합법이 있다. [표 8]은 이 회사에서 만든 초성자의 생성 방법이다.[1]

훈민정음 해례본의 제자 원리가 현대의 첨단 기술 제품에서 그대로 먹혀들고 있는 이유는 무엇일까? 질서정연한 형식 논리와 음성과학적 기초를 갖고 있기 때문이다. 달리 말해 이 문자가 과학적 원리를 기반으로 만들어졌기 때문이다. 이 과학적 원리가 갖는 보편성이 600년이란 시공을 뛰어넘어 오늘날에도 여전히 유효한 현실로 작용하고 있는 것이다.

1 이 기술은 특허 등록만 되어 있고 상품화된 휴대폰에서 실현되지는 않았다.

자음	자음조합방식
ㄱ	「ㄱ」
ㄲ	「ㄱ」+ 병서
ㄴ	「ㄴ」
ㄷ	「ㄴ」+ 가획
ㄸ	「ㄴ」+ 가획 + 병서
ㄹ	「ㄹ」
ㅁ	「ㅁ」
ㅂ	「ㅁ」+ 가획
ㅃ	「ㅁ 」+ 가획 + 병서
ㅅ	「ㅅ」
ㅆ	「ㅅ」+ 병서
ㅇ	「ㅇ」

[표 8] 훈민정음 제자원리를 이용한 문자입력 방식–(주)언어과학

3. 배웅말: 과학적 성취의 지향성

지금까지 우리는 훈민정음 문자체계가 가진 과학성에 대해 자세히 살펴보았다. 여기서 우리가 가슴 깊이 새겨야 할 것은 이러한 과학성이 무엇을 지향했느냐 하는 점이다. 과학의 지향성은 참으로 중요한 것이다. 핵물리학이 에너지 생산을 지향하지 않고 무기를 지향하면 어떻게 되는지 우리는 잘 알고 있다.

세종대왕이 훈민정음을 만든 지향점은 무엇인가? 무엇을 하기 위해 과학적 문자를 만들었을까? 이것이 중요하다. 이에 대한 답은 해례본의 어제 서문에 나와 있는바, 백성들의 편리한 문자생활을 목표로 한 것이다. 세종대왕이 베푼 많은 정책(천문기기 발명, 육진 개척, 농업 기술 개발, 세금 제도 개혁 등등)은 모두 '민생(民生)'의 이익을 도모한 것이다.

우리는 세종대왕이 백성을 위해 새 문자를 만든 것을 익히 알고 있어서 이 사실의 특이성을 잘 인식하지 못하고 있다. 그러나 세계사적으로 왕이 백성을 위해 문자를 만들어 준 사례는 극히 희귀하다. 고대 중국이나 이집트에서 문자는 왕이 신과 소통하는 매개체였고 신성함 그 자체였다. 문자는 백성과는 무관한 것이었다. 진시황의 분서갱유(焚書坑儒) 사건은 춘추전국 시대의 제자백가들이 제멋대로 문자를 쓰고 있던 것을 황제의 권한으로 징치(懲治)한 것이었다.

백성을 위한 세종의 위대한 지향성은 현대 한국사회의 건설에 엄청난 기여를 하였다. 조선조 말기의 피폐함과 일제 강점기의 질곡을 거친 20세기 중엽의 한국은 참으로 어려운 역사적 상황에 처해 있었다. 1945년 해방 이후 대한민국의 발전과 세계적 도약을 가능케 한 핵심 역량에 바로 세종이 만든 한글이 자리 잡고 있다. 이 문자를 통해 우리는 근대 교육을 시작했고, 서구 과학과 문명을 소화해 내어 새로운 수준으로 발전시킬 수 있었다. 그리고 이 문자를 통해 국가와 민족의 확고한 정체성을 구축할 수 있었다. 우리와 비슷한 시기에 식민지에서 해방된 세계의 많은 나라들이 지금 어떤 상태에 놓여 있는가를 비교해 보면, 우리가 이룩한 성취의 가치와 의미를 확인할 수 있다. 이런 성취를 가능케 한 것이 우리의 문자 한글인 것이다. 세종대왕은 국리민복의 요체가 문자에 있음을 간파했던 것이다. 인류 문명사에서 문자가 가지는 의미가 얼마나 큰 것인지 우리는 알고 있다. 문자는 인간이 만들어 낸 발명품 중 가장 위대한 존재이다.

세종대왕은 수만 개의 낱말 속에 쓰이는 수많은 음성을 분석하여 28개의 음소로 추상화하고 각 음소에 대응하는 문자를 과학적 원리에 기반하여 만들어 냈다. 세종대왕의 이러한 위대성은 정인지가 쓴 서문의 말대로 "하늘이 세종의 손을 빌어 이룬 것"이라고 할 수밖에 없을 만큼 놀라운 것이다. 이런 말은 국어학자의 자화자찬이 결코 아니다. 세계의 언어학자와 문자학자들이 한글의 과학적 특성을 인정하고 있다.

그러나 우리는 다시 한 번 뒤집어 생각해보자. 한글은 15세기에 창제되었고,

로마자는 기원전에 이미 만들어졌다. 시대적 거리가 2천 년이 넘는다. 늦게 만들어졌으니 한글이 더 과학적이고 우수한 문자일 가능성이 훨씬 높다.

문자는 언어를 담는 그릇이다. 언어는 인간의 지식과 지혜와 예술과 과학을 담는 그릇이다. 한글의 과학성은 부정할 수 없는 사실이다. 세종대왕은 훌륭한 그릇을 후손에게 물려 주셨다. 이 그릇을 채워야 할 사람은 우리들이다. 우리는 이 그릇에 무엇을 담을 것인가? 우리가 만들어 낸 지식과 지혜와 과학과 문화를 한글이라는 그릇에 채워야 한다. 그렇다면 여기에 채워지는 내용이 무엇이냐? 어떤 우수한 콘텐츠가 한글로 만들어지느냐? 이것이 관건이다. 우리에게 부과된 이 과업을 어떻게 해 내느냐에 따라 한국 문화의 세계적 경쟁력이 좌우될 것이다. 그릇이 아무리 좋다고 자랑해 본들 그 안에 담을 음식이 없거나 맛이 떨어진다면 누가 그 자랑을 받아들여 주겠는가?

우리가 할 일은 분명하다. 시인과 작가는 아름답고 감동적인 작품을 한글로 표현하고, 학자는 한글로 책을 쓰고, 언론인은 세계의 소식을 한글로 전해야 한다. 외국의 훌륭한 작품과 책을 한글로 번역해 내야 한다. 그릇에 담을 내용물을 한글로 만들어야 한다. 그리고 한글이라는 그릇에 채운 음식을 세계인과 같이 나누어야 한다. 한글을 통해 세계문화의 발전에 이바지하자.

| 감상문 |

옛 한글 문화와 과학의 만남

강혜민(음악학과)

옛 한글 문화와 과학의 만남은 뭐지? 제목을 보는 순간 그런 생각이 먼저 들었다. 한글은 매우 과학적으로 창제되어서 우수하고 독창적이라고 말은 하지만 정작 한글을 쓰는 나는 한글이 과학적인지 독창적인지 별 생각이 없었던 것 같다. 그래서 난 이 강의를 들으면서 한글의 과학성에 한번 놀라고 그것을 쓰고 있는 나의 무식함을 알고 또 놀라게 되었다.

먼저 교수님이 이 부분에 대해서 말씀하셨다. 훈민정음의 초성의 과학성… 그리고 세종이 음성과학을 관찰하고 서로 유사한 음가들을 묶어서 글자꼴을 디자인했다는 점이다. 나는 창조된 다음에 보아서 그것이 훌륭한 것인지 별 생각이 없었는데… 얼마나 조직적이고 음성적으로 창제되었는지를 들으면서 깜짝 놀랄 수밖에 없었다.

그리고 과학성을 지향했다는 것이 놀라웠다. 우리나라가 되게 과학적이구나…. 지난 시간에 〈담장 속의 과학〉을 들으면서도 느낀 것이지만 우리나라 조상들이 매우 과학적이고 체계적이라는 것도 알게 되었다. 하나하나에 자연과 조화를 이루면서 최대한 자연스럽지만 최대한 과학적으로… 모든 일을 그렇게 만들어 나가는 것 같다.

난 근데 더 감동을 받은 것은 세종이 백성들에게 통치의 수단으로 문자를 만든 것이 아니라 백성들의 삶을 더 풍요롭고 편리하게 만들기 위해 한글을 창제하셨다는 사실이다. 보통 자신의 일이 아니라면, 그리고 자신이 지배층이고 한 나라의 왕이라면 그런 부분은 충분히 무시하고 지나갈 수 있는 것이었음에도 불구하고 세종의 백성 사랑은 정말 지극하고 본받을 만한… 나는 세종의 백성 사랑 자체가 그 사람의 하나의 업적이라고 말하고 싶다.

그 세종이 만든 한글이라는 그릇은 있지만 그 안에 무엇을 채울 것인가에 대해서 많은 의견들이 분분하다. 한글이 매우 좋은 글자는 맞지만 그것을 어떻게 사용하는가 그리고 어떻게 지켜 나가는가에 따라서 우리의 이 우수하고 체계적인 글자는 더 유용하게 쓰이게 될 것이다. 중국의 간섭 가운데 한자가 판을 치고 한자만이 더 유용하고 더 가치 있는 것으로 생각되던 시기들이 있었다. 지금 어쩌면 우리에게 영어가 그런 위치인지도 모른다. 우리가 또 한 번 그런 일들을 겪지 말았으면 좋겠다. 역사 속에서 그리고 지금도 인정되고 있는 한글의 우수함을 영어에 밀려 또 잃어버리지 말았으면 좋겠다.

세계화 시대에 무조건 우리 것만 맞다고 말할 수도 없을 것이다. 하지만 그 안에 무엇을 채울 것인가에 대한 문제는 정말 중요하게 생각해 볼 만한 내용일 것이다. 무엇이 진정한 한국인의 것이고 무엇으로 세계화라는 물결 속에서 한국의 고유함과 우수함을 잃지 않고 우리의 색깔을 잘 가지고 있을 수 있을지, 세종대왕께서 해 놓으신 업적을 우리가 잘 지켜 나가야 할 의무가 있을 것이다.

별 생각 없이 살아왔지만 이제부터라도 소중하고 좋은 것을 놓치고 싶지 않다. 우리 모두가 한글을 그리고 우리나라의 문화를… 세계화 속에 다른 것들과 연결시켜 조화를 이루어 나갈 수 있도록 지켜 나가야겠다.

| 세 번째 강의 |

한국고대사 속의 과학

–성덕대왕신종의 사례를 중심으로

주보돈(경북대 사학과)

1. 한국고대사 속의 과학이 갖는 의미는?

흔히 과학이라면 가장 먼저 떠올리게 되는 것은 서양적 사고나 원리란 단어일 터이다. 그로부터 한걸음 더 나아가게 되면 체계적, 보편적, 합리적, 이론적 법칙 등의 용어가 저절로 뒤를 잇는다. 마침내 과학이 본래는 서양의 것일 뿐 우리 한국인 혹은 동양인과는 아무런 상관이 없다는 듯한 인식에까지 이른다. 하지만 과연 그럴까.

물론 과학(science)이란 용어와 개념 자체를 서양인이 창안하였음은 분명한 사실이다. 그렇다고 우리에게 과학이라 이름 붙일 만한 대상이 정말 없었을까. 결론적으로 말하여 그렇다고 여기는 것은 무지(無知)의 소치이거나 아니면 스스로를 낮추어서 인식한 결과일 따름이다. 합리적이고 체계적인 사고가 밑바탕에 깔려 있지 않으면 수천 년의 역사가 끊어지지 않고 지금까지 이어져 내려올 수가 없기 때문이다. 이를테면 사계절의 순환 속에서 때마다 그에 걸맞은 농작물을 재배한 것 자체가 생활 속에서 이미 상당한 과학성을 지니고 있음을 단적으로 보여준다. 단지 경험을 통하여 터득하였을 뿐, 그것이 왜 그렇게 가능한지를 체계적·

합리적으로 설명해 낼 방법을 찾지 못하였을 따름이다. 그에 견주어 서양은 과학이란 단어와 개념을 창안하여 그 내실을 채웠다는 점에서 동양과는 뚜렷하게 차이가 난다.

일반적으로 지금껏 우리 역사 속에 과학성이 없다고 인식하고 있음을 단적으로 보여 주는 사례는 국보 31호인 첨성대(瞻星臺)가 과학기술문화재가 아닌 건축물로 지정된 점이다. 첨성대 자체는 건축물임이 틀림없지만 그 용도를 여하히 해석하든 그 속에는 천문관측과 관련한 과학성이 바탕에 깔려 있는 것 또한 부정할 수 없는 사실이다. 따라서 그 점을 인정한다면 국보 지정의 명분은 달라져야 마땅하다. 여름철이면 여기저기에서 쉽게 접하게 되는 죌부채를 막연히 중국이나 아니면 일본에서 유래한 것으로 인식한다. 그러나 영국의 유명한 중국과학사가(中國科學史家) 조셉 니이담의 명저 『중국의 과학과 문명』에서는 그를 고려(高麗) 사람들의 발명품이라 단정하고 있다. 아마도 고려시대 종이의 발달이나 책의 편찬 수준에(죌부채는 종이의 질 및 책의 제본술과 밀접하게 관련이 있다.) 걸맞게 죌부채가 만들어진 것 같은데 우리는 부끄럽게도 그런 사정에 마냥 무관심하거나 모르고 지나쳐 왔다. 과학이 우리와는 별로 상관이 없다는 잘못된 생각에서 빚어진 사례의 하나이다.

1931년 육당(六堂) 최남선(崔南善)은 우리 민족의 천재성을 증명하는 과학적 증거로서 첨성대를 비롯한 고려의 금속활자, 청자, 한글, 측우기 등을 손꼽았다. 이들이 당시로서는 세계 최고의 수준으로 뛰어난 과학성을 보여 준다는 것은 어느 누구라도 동의하는 사실이다. 그래서 언제나 우리의 역사교과서에는 반드시 실리는 항목이다. 문제는 그것이 이후 제대로 승계되지 못하였다는 데에 있다.

중국은 흔히 서양의 과학과 비교하여 자신이 앞섰다는 증거로서 이른바 4대 발명품을 내세운다. 나침반(羅針盤), 종이, 화약, 인쇄술이 그것이다. 천문학이나 수학의 수많은 기초적인 이론, 0(零)과 같은 개념도 이슬람 세계 혹은 인도의 발명품이라 한다. 그들이 세계사적으로 엄청난 변화를 유발하는 큰 계기로 작용하였음은 다 아는 바와 같다. 그러나 정작 그렇게 가능하도록 유도한 것은 발명자 자신들이 아니라 서양인들이었다. 이들이 실생활에 그들을 활용하여 근대산업사회의 형성에 성공하고 마침내 정치사회의 민주화까지 먼저 달성하였기 때문에 역사적으로 큰 의미를 갖기에 이른 것이다. 대체로 근대사회로 진입하기 이전에는 거의 모든 방면에서 서양보다 동양사회가 앞섰으나 그 이후 상황이 역전되어 서양의 식민지 혹은 반(半)식민지로 전락한 것도 그런 사정과 무관하지 않다.

1999년에서 2000년으로 달력을 넘기면서 크게 논란된 것 가운데 하나는 지난 밀레니엄(서기 1000년에서 2000년) 동안 세계사적으로 가장 크게 영향을 끼친 인물이나 사건을 둘러싼 문제였다. 우리는 언제나처럼 한글을 발명한 세종대왕을 제1순위로 꼽았다. 그런데 세계사적 차원에서는 일반적 예상을 뛰어넘어 구텐베르크가 제1위로 선정되었다. 구텐베르크는 교과서에도 나와 있듯이 15세기 독일에서 금속활자를 발명한 바로 그 사람이다. 그런데 금속활자라면 우리가 그보다 이백 년이나 앞선 것으로 널리 인정받고 있지 않은가. 지금은 남아 있지 않지만 최초의 금속활자로 『상정고금예문(詳定古今禮文)』이 인쇄되고 현재까지 프랑스가 소장하고 있는 14세기의 『직지심체요절(直指心體要節)』은 그를 뚜렷이 물증하여 주는 사실이다. 그렇다면 우리의 금속활자를 발명한 고려인 가운데에서 지난 1천년 동안 가장 영향력 있는 인물이 당연히 나와야 하지 않겠는가.

그러나 불행히도 우리는 가장 먼저 금속활자를 발명하였다는 사실만을 확인할 수 있을 뿐 구텐베르크의 역할만큼 인류사에 영향을 미쳤다고 주장할 근거가 없다. 구텐베르크에게는 금속활자를 포도즙 짜는 기계와 연결시켜 대량 인쇄를 가능하게 한 공적이 있다. 이로 말미암아 인쇄물을 값싸게 공급할 수 있었던 것이다. 마침내 누구라도 쉽게 성경책을 구입해 볼 수 있도록 하여 그것이 종교혁명으로까지 이어졌다. 책이 널리 읽혀짐으로써 신분 간의 장벽을 무너뜨려 평등을 근간으로 하는 민주화에도 직접 기여하였다. 이는 동양과 서양의 전반적 수준이 역전되는 단초가 되기도 한 것이다. 그에 비추어 우리 금속활자의 사정은 어떠한

가. 고려시대 이후 사용된 금속활자로는 겨우 몇 십 권의 고급 책자만을 찍을 수 있었을 따름이다. 소수의 지배계급만이 그런 책자를 한정적으로 소유하였으므로 금속활자는 대중과는 유리된 셈이었다. 그것이 결과적으로 엄청난 차이를 가져온 것이다. 과학이 어떠해야 하는지를 보여 주는 너무도 명백한 실례이다.

우리 역사, 특히 고대사회에 과학성을 없다고 인식하는 것도 문제려니와 그것을 자칫 지나치게 과대 포장하는 것도 또한 문제이다. 그런 행위 자체가 과학적 인식이 되지 못하기 때문이다. 우리는 '모르는 것이 약(藥)'이라고 하면서 어떤 중요한 사실을 널리 공유하기보다는 특정 소수에 의해서만 비법(秘法)으로 전수시키려 한다. 그로 말미암아 비법이 중간에 소멸되는 경우가 많은 듯하다. 이를테면 거북선 제작 능력을 그런 사례로 들 수 있다. 반면 서양에서는 '아는 것이 힘'이라고 가르쳐 왔다. 비법을 널리 공유함으로써 한층 더 발전시키는 기반을 마련한 것이다. 그로 말미암아 동서양의 과학성은 역전되고 그 격차는 점점 더 벌어지게 된 것이다. 출발 지점에서는 별로 차이가 나지 않았으나 결과는 엄청나게 달라진 것과 마찬가지의 양상이었다.

2. 한국고대사 속의 몇몇 과학 사례

새로운 과학(科學)은 보다 나은 삶을 추구해 가려는 과정에서 발견되고 또 발명되는 것이다. 과학적 사고는 일상생활과 동떨어져 존재하는 것이 아니라 그 속에서 저절로 우러나온다. 그래서 흔히 필요는 발명의 어머니라고도 말한다. 이미 우리의 고대사회에서부터 그런 흔적은 뚜렷이 찾아진다. 예컨대 도량형(度量衡)의 존재를 손꼽을 수 있겠다. 도(度)는 길이(尺度), 량(量)은 부피, 형(衡)은 무게를 말한다. 이들이 존재한 것은 그 수준의 정도는 잠시 젖혀두더라도 그 자체는 일정한 원칙과 기준이 설정되어 있었음을 의미한다. 그 원리를 체계적·논리적으로 설명해 내지는 않았더라도(당시 그럴 필요성까지는 느끼지 못하였을 터이다) 그것이 바로 과학이다. 기록상 천문을 관측하기도 한 사례 또한 나름의 과학성을 입증하여 주는 사례이다.

농촌의 들녘을 지나가면 차창 너머로 이따금씩 큰 바위덩어리가 논 한가운데 보이기도 한다. 이들은 십중팔구 지석묘(고인돌)들이다. 지석묘는 그 외형이 어떠하든 초기 청동기시대 지배층들의 무덤을 일컫는다. 위의 큰 돌을 개석(뚜껑돌)이라 하고 밑에는 조그마한 돌이 그를 받치고 있는데 이를 지석(고임돌)이라 한다. 지석묘라는 용어는 여기에서 유래한 것이다. 지석묘의 개석 중에는 그 무게가 일백여 킬로그램 남짓밖에 되지 않는 작은 것도 있지만 수십 톤에 달하는 거대한 것도 있다. 이들은 처음부터 그 자리에 위치한 것이 아니라 바로 인근 혹은 수 킬로미터나 떨어진 먼 곳으로부터 옮겨진 것이다. 그처럼 거대한 돌을 옮기는 것은 물론이고 다시 지석의 위에다가 그를 올려놓는 능력은 이른바 과학적 사고(思考)를 매개하지 않고서는 불가능한 일이다. 40여 톤에 이를 것으로 추산되는 광개토왕비는 그 석질로 미루어 산지(産地)가 백두산 부근이라고 한다. 수십 킬로나 떨어진 먼 곳에서 현재의 위치까지 옮겨온 것이다. 여기에는 과연 어떤 방법이 동원되었을까. 소위 과학적 방법에 의하였을 것임이 틀림없다. 당시 사람들은 비록 과학이란 용어를 사용하지는 않았지만 나름대로 터득한 과학성에 바탕한 사고와 생활을 영위하였던 것이다. 청동기만 하여도 구리와 아연 혹은 주석의 합금이다. 매우 무른 금속인 구리에 다른 금속을 섞어야만 단단해진다는 사실을 이미 터득하고 있었다. 그것이 무기와 공구의 발달을 가져오고 나아가 이후의 생활 양식 자체까지 바꾸게 하였다.

철기를 다루는 기술도 오늘날과 비교하여도 전혀 뒤지지 않는, 오히려 나은 측면조차 엿보인다. 국립경주박물관의 정문을 들어서면 곧장 정면에 바라보이는 성덕대왕신종(聖德大王神鐘, 이하 신종이라 약칭함)은 1975년 지금의 위치로 옮겨진 것이다. 그때 포항제철소의 도움으로 종의 무게를 재고 그를 매달 수 있는 대단히 가는 철사를 주물로 제작하였다. 그런데 이 철사는 18.9톤이나 나가는 종의 무게를 견디지 못하고 휘어져 버려 사용할 수 없었다. 그래서 경주박물관에서는 어쩔 수 없이 원래 사용하던 것을 다시 가져다 썼다. 이 철사가 언제 만들어졌는지는 단정할 수는 없지만 신종 제조 당시로 간주하여도 그리 어긋나지는 않을 듯하다. 아마 이 철사는 그보다 엷은 마치 실과 같은 것들을 하나하나씩 꼬아서 묶는 단조(鍛造)의 방식으로 제작된 듯하다. 그래서 신종의 무게를 충분히 견딜 정도로 질겼을 것 같다. 이로 보면 당시 도달한 제철기술의 수준을 가늠할 만하다. 그보다 앞서 5세기 신라나 가야의 고분에서 출토되는 갑옷의 경우도 마찬가지의 방식으로 제작되었으므로 그 기술의 시원은 한참 올라갈 것 같다. 이들은 모두 고대 과학의 기술이 도달한 수준을 여실히 보여 준다.

13세기 몽골의 침략을 받아 아깝게도 불타 버리고 말았지만 황룡사 9층목탑도 고대 과학의 백미(白眉)로 손꼽을 수 있다. 바닥부터 제일 꼭대기의 상륜부까지의 길이가 225척이라 하니 대략 75미터나 된다. 현대식 빌딩의 20층 이상에 달하는 높이다. 이것이 643년 완성되었으므로 7세기 당시 도달한 목재 다루는 기술 수준을 잘 보여 준다. 오늘날 당시의 방식대로 쌓는 실험을 하여 보았더니 안전하게 유지될 수 있는 것은 3층 정도쯤으로 판명되었다. 돌을 다루는 정교한 기술 수준으로는 석굴암을 따라갈 대상은 없다. 일반적으로 황금비율이라 일컬어지는 전반적인 구도의 치밀함, 아무리 비가 많이 와도 오래도록 습기가 차지 않도록 시도한 엄밀한 설계는 당시의 과학성 수준을 그대로 보여 준다. 이밖에 수없이 많은 석제, 금동제 불상조각품들도 그런 엄밀성이 수반되지 않고서는 제작이 불가능하다. 최근 발견되어 크게 관심을 끈 백제대향로의 균형 잡힌 아름다움과 치밀한 구조, 미륵사석탑의 사리함을 비롯한 장치들은 금속공예술은 말할 것도 없고 고대의 과학이 도달한 수준의 정도를 가늠하기조차 힘들게 하는 비할 바 없이 뛰어난 작품들이다.

이처럼 한국고대사 속에서 과학의 실재를 증명할 사례들은 무수히 많다. 그 가운데 각별히 주목해 볼 만한 대상은 앞서 언급한 신종이다. 이는 최상의 합금술과 함께 제조기술이라는 과학성뿐만 아니라, 외형이 풍기는 예술성 및 더할 나위 없는 종소리까지 어우러진 소위 3박자가 혼연일체를 보이는 작품으로 평가되기 때문이다. 특히 상당한 분량의 글자까지 새겨져 있어 제작 시점과 배경 및 목적, 제작자 등을 알 수 있게 한다. 게다가 현재까지도 원형을 거의 잃지 않고 있는 특이한 사례이어서 각별히 주목해 볼 만한 대상이다. 세계사적으로 매우 희귀한 사례가 아닐까 싶다. 따라서 그를 둘러싼 여러 가지 이야기들은 충분히 언급해 볼 만한 가치가 있는 것으로 판단된다.

3. 성덕대왕신종과 그 소리의 신비

신종은 흔히 봉덕사종 혹은 에밀레종이라고도 불리지만 이들은 속칭일 뿐 정식 명칭은 아니다. 지금은 깨어질 우려가 있어 종을 치지 않지만 얼마 전까지만 하더라도 매년 12월이면 공개적인 타종 행사를 가졌으므로 직접 종소리를 들을 수가 있었다. 아마도 천수백 년 전에 만들어진 종의 소리를 직접 들을 수 있는 기회는 세계적으로도 그리 흔치 않을 듯하다.

신종은 불국사와 석굴암을 창건한 경덕왕(景德王, 742~764)이 그의 아버지 성덕왕(702~735)을 기리기 위하여 주조를 시작하였다. 그러나 완성되지 못하였다. 아마 여러 차례에 걸쳐 시도하였으나 실패를 거듭하였던 것 같다. 경덕왕이 사망한 뒤 그의 아들인 혜공왕(惠恭王, 765~780)이 시도하여 771년(원래의 음력으로는 770년 12월이다.) 드디어 완성을 보게 되었다. 이처럼 장기간 소요된 것은 제작상의 어려움 때문으로 보인다. 그로 말미암아 에밀레종 설화와 같은 이야기가 꾸며지게 되지 않았을까 싶다. 이 설화는 일제 때에 처음 채록된 이후 문학작품이나 동화의 소재로 널리 이용되어 왔다. 아마 채록될 당시 인신공양(人身供養)을 통하여 불교적 부정적 측면을 드러내려는 데에 주된 목적이 있었던 것으로 추정되고 있다. 그래서 이 설화가 일제에 의해 의도적으로 조작되었다고 간주하는 견해까지 있다.

과연 인신공양이 사실이었던 것인지 아닌지는 누구라도 매우 궁금하게 여길 만한 대목이다. 그래서 1970년대와 1998년 두 차례에 걸쳐 그를 확인하는 작업이 이루어졌다. 만약 어린 아이가 신종의 속으로 들어갔다면 인(燐)의 함유량이 매우 높아야 한다는 추정을 기준으로 한 것이었다. 처음 진행된 조사에서는 어린 아이 뼈만큼의 인이 검출되었다고 알려졌다. 그러나 조사방법이나 내용이 객관성을 담보하지 못하였다. 그래서 경주박물관에서는 포항산업과학연구원에 의뢰하여 정밀조사를 새로 실시하였다. 연구소가 신종의 안쪽 부분에서 12곳의 샘플을 채취하여 그를 극소미량분석기를 이용, 분석한 결과에서는 인이 전혀 검출되지 않았다고 한다. 다만 그것만으로는 전체를 헛소리로 단정짓기가 곤란하다는 조심스런 결론이 내려졌다. 신라종은 뛰어난 합금술을 갖춘 것으로 평가된다. 일반적으로 동종에 들어가는 금속은 구리, 주석, 납이라는데 신라종에는 아연의 비율이 유달리 높은 점이 특징이라 한다. 그 점이 아름다운 종소리를 내는 비결의 하나일지 모른다.

신종의 무게는 기록상으로 12만 근으로 되어 있어 종래 20톤 정도로 추정되어 왔으나 1997년 측정해 본 결과 18.9톤이었음이 밝혀졌다. 높이는 2.91미터, 제일 아래 부분의 직경은 2.2미터, 두께는 21.5~10센티이다. 현재까지의 기록상으로 가장 규모가 큰 신라종은 비슷한 시기에 경덕왕의 이혼녀 삼모부인(三毛夫人)의 시주로 제작된 황룡사(皇龍寺)의 것으로서 49만 근에 달한다. 이 거대한 종의 향방을 둘러싸고서 온갖 억측이 난무한다. 고려시대에 동전을 주조하기 위하여 녹였다는 설을 비롯하여 몽골 침입, 혹은 임진왜란 때에 약탈되었는데 반출하지 못하고 경주의 토함산에서 발원하여 동해안의 감은사(感恩寺) 앞을 지나 바다로 흘러들어가는 대종천(大鐘川)에 빠트렸다는 주장 등이 있었다. 후자를 입증하기 위하여 여러 차례 확인 작업이 시도되었지만 아직 확연히 드러나지 않은 상태이다.

신종은 신라종이 지닌 일반적 특징을 거의 그대로 간직하고 있다. 이후 고려와 조선시대에 이르기까지 신라종을 모방하였으므로 이들이 곧 한국종의 전범(典範)으로 기능하여 왔다고 보아도 좋다. 신종의 윗부분에는 용의 모양을 한 이른바 용뉴(龍鈕)를 비롯하여, 바로 그 뒤에 대롱 모양의 음관(音管)이 달라붙어 있고 그 아래 몸통에는 유두(乳頭)를 아홉 개씩 가진 유곽(乳廓)이 배치되어 있다. 유곽의 밑에는 4구의 비천상(飛天像)이 돌아가면서 조화롭게 그려져 있으며 이들의 중간에 연화당좌(蓮花撞座) 2개가 대칭으로 배치되어 있다. 비천상은 마치 당장 하늘로 올라가려는 듯 생생한 모습을 한 매우 뛰어난 작품으로 평가되고 있다. 연화문 당좌는 당목(撞木)으로 치는 곳을 표시한 것이다.

신종은 외형 자체가 뛰어난 예술 작품이어서 널리 주목을 끌었지만 그 가운데서도 특히 1천여 자에 달하는 명문과 함께 아무래도 종소리가 백미(白眉)이다. 명문은 장엄하면서도 유려한 필치로 쓰여져 당대의 서예 수준을 보여 줄 뿐만 아니라 신종의 제작 배경과 목적을 비롯한 기본적인 제반 정보를 파악할 수 있게 한다. 종의 완성 시점과 장인, 주도자 등은 역사적으로도 큰 의미를 지닌다. 다른 종에서는 거의 볼 수 없는 면모이다. 그 명문 가운데 원음(圓音)이라는 표현이 보인다. 이는 당시 기본경전으로서 널리 읽히던 『화엄경(華嚴經)』에 보이는 용어로서 부처님의 말씀, 자연에서 우러나는 소리 그 자체를 의미하는 것으로 풀이되고 있다. 아마도 신종을 통하여 드러내고자 한 소리가 바로 이 원음이었다고 여겨진다. 그 소리를 들음으로써 만물은 한갓 미물(微物)이나 지옥의 중생까지도 갖은 번뇌망상을 일시에 떨쳐내어 부처의 경지에 이를 수 있다는 의도로 신종을 제작하였을 터이다. 제작이 실패를 거듭하고 장기간 소요된 것도 바로 원음을 내기 위한 데에 있지 않았을까 싶다. 이처럼 신종이 여타 종에 견주어 우뚝 솟은 것은 바로 이 소리 때문이다.

신종이 내는 소리는 어떤 종도 감히 따라오지 못하는 것으로 평가되고 있다. 지난날 일본의 NHK 방송국 주관으로 세계에서 가장 아름다운 소리를 내는 소위 종소리 경연대회를 개최한 적이 있다. 그 결과 신종이 타의 추종을 불허할 정도로 단연 으뜸의 자리를 차지하였음은 물론이다. 그런 의미에서 신라 공예품 가운데 가장 수준 높은 과학성을 간직한 최대의 걸작품이라 이를 만하다. 과연 그 비결은 어디에 있는 것일까. 이에 대해 소리를 다루는 과학자들이 동원되어 여러 가지 구체적인 실험으로 추적한 적이 있다. 마침내 다른 나라의 종에서는 볼 수가 없는 음관에 어떤 비밀이 숨겨져 있을 것으로 밝혀졌다. 따라서 신라종(나아가 한국의 종 전부)의 소리가 맑고 고운 것은 바로 음관 때문이라고 단정하여도 좋을 것 같다. 그 맑고 고운 은은한 소리가 달빛 교교한 밤이라면 대략 60킬로 이상까지 들렸다고 하니 정도를 짐작할 수 있겠다. 정말 신종(神鐘)이라고 이름 붙인 이유를 충분히 이해할 만하다.

한편 소리의 비밀은 음관만이 아니라 공명통(共鳴筒)도 일정하게 작용하고 있다고 여겨진다. 신라의 종은 바닥으로부터 높은 곳에 매달아 두고 치는 것이 아니라 약간 높은 곳에 두고 종구(鐘口)의 아래는 그 크기에 맞추어 그로부터 적당한 깊이의 공간을 판다. 이는 종소리가 공명의 역할을 해서 진동을 일으켜 여운을 갖도록 해주는 장치로 짐작된다. 종의 안에 들어가면 종을 쳐도 그 소리가 전혀 들리지 않는다고 한다. 이처럼 음관이 위쪽으로 잡음을 제거하는 역할을 한다면 아래 부분의 땅을 종구만큼 판 것은 뚜렷하게 증명해 낼 수는 없지만 소리의 피장을 높여 어떤 과학성을 내재하고 있는 것이다.

어쩌면 신종이 크면서도 아름다운 소리를 내는 것은 그밖에도 어떤 상징성을 안고 있는 부분도 엿보인다. 이는 당시 공인(工人)이 좋은 소리를 내는 데 얼마나 힘을 쏟았는가를 잘 보여 주는 사실이다. 용과 고래가 바로 이 종과 관련된다는 점이다. 앞서 언급한 것처럼 종의 가장 윗머리에 용뉴가 있다. 이는 단순한 장식이 아니라 좋은 소리를 내기 위한 상징적 의미를 담고 있는 장치이다. 중국 명나라 때 호승지(胡承之)라는 사람의 저술인 『진주선(眞珠船)』에 따르면 용왕에게는 각기 특장을 지닌 9명의 아들이 있었는데 그 가운데 포뢰(蒲牢)는 특히 울기를 잘 해서 그 울음 소리가 대단히 우렁찼다고 한다. 그래서 용뉴에 새겨진 그 용은 바로 포뢰를 형상화한 것이라고 여겨지고 있다. 그런데 포뢰가 유독 고래를 무서워하였으므로 종의 당좌 부분을 치는 데 사용되는 당목은 원래 고래의 뼈로 만들거나 아니면 고래 모양으로 제작하였다고 한다. 그래서 흔히 범종을 경종(鯨鐘)이라고도 일컫는다. 여하튼 이는 신종을 만들면서 좋은 소리를 내는 데 어떤 노력을 기울였는가를 잘 보여 주는 사실이다.

원래 신종은 771년 완성된 후 오래도록 봉덕사(鳳德寺)에 걸려 있었다. 신종을 일명 봉덕사종이라 하는 것도 바로 그 때문이다. 봉덕사가 경주의 북천(北川, 閼川이라고도 한다) 가에 있었으므로 어느 때에 수해로 말미암아 유실되어 버렸다. 그러다가 조선시대 세조 5년(1460)에 이르러 영묘사(靈妙寺)로 옮겼으나 종각이 소실되면서 방치되었다. 그 얼마 뒤인 중종(中宗) 원년(1506) 경주 읍성의 남문 밖 봉황대(鳳凰臺) 밑의 종각에 시각을 알리는 종으로서 1915년까지 사용되었다. 그 뒤 조선총독부 박물관 경주분관을 옮겼다가 1975년 현재의 자리에 위치하게 된 것이다.

4. 고대 과학에 대한 새로운 인식

이처럼 더할 나위 없는 원음을 내는 신종에는 뛰어난 과학성이 담겨져 있다. 그렇지 않은 막연한 상태에서는 그런 신비한 소리가 나올 수가 없기 때문이다. 다만 그런 과학성의 근거를 오늘날의 과학으로 명료하게 풀어내지 못할 따름이다. 그를 재현하고자 하는 노력들이 다방면에 걸쳐 시도되었으나 거의 성공을 거두지 못하고 있는 사정은 그를 여실히 증명해 준다.

1876년 미국의 독립 1백 주년을 기념하여 프랑스에서는 자유의 종이라 불리는 종을 제작하여 선물로 보내 주었다고 한다. 이 종은 첫 타종 때에 깨어져 버려 제대로 기능하지 못하고 현재 필라델피아에 보존되어 있는 상황이다. 우리나라에서도 그를 모방하였는지 어떤지는 알 수 없지만 1976년 미국 독립 2백 주년을 맞아 성덕대왕신종을 본딴 종을 만들어 선물로 보낸 적이 있다. 불교적 상징인 비천상에 대신하여 자유의 여신상과 함께 태극의 문양을 든 선녀상을 한 쌍씩 그려 넣는 변용을 거쳤다. 이를 우정(友情)의 종이라고 명명하였다. 현재 미국 LA 근교의 언덕 위에 세워진 종각 속에 보존되어 있다고 한다. 이 종은 국내 굴지의 어느 재벌이 두 점을 만들어 하나는 미국에 보내고 하나는 불국사에 기증하였다. 그런데 불국사의 그것은 몇몇 부분이 갈라져 소리를 제대로 낼 수가 없다고 한다. 아마도 미국으로 간 우정의 종도 비슷한 양상이지 않을까 추측된다. 오늘날 주종(鑄鐘) 합금의 능력이 신라시대에 미치지 못하는 측면을 보여 준다. 우리가 고대의 과학 수준을 우습게 여길 수 없는 또 하나의 근거는 이런 데서 찾아진다.

모르는 것이 약이란 잘못된 인식으로 많은 뛰어난 과학성이 너무나 아쉽게도 전승되지 못한 채 사장(死藏), 소멸되고 말았다. 돌이켜 보면 아쉬움이 너무도 많은 대목이다. 이 점은 한 걸음이라도 앞서기 위하여 치열하게 무한 경쟁하는 오늘날 세계를 바라볼 때 한층 더 깊이 되새겨 보아야 할 대목이다. 과연 현재에도 올바른 방향으로 나아가고 있는가.

지금까지 일반적으로 과학의 보편성 측면에 치우쳐 우리의 전통적인 것을 소홀히 하거나 낮추어 평가하려는 경향이 짙었다. 그러나 비록 체계적으로 설명해내지는 못하여도 오랜 경험을 통하여 당시인들은 어떤 과학성을 분명히 인지하고 있었던 것이다. 이제라도 그를 들추어내어 정리하는 것이 곧 우리 역사 속에서 과학이 있었다는 사실을 증명하는 일이다. 그를 체계화함이 곧 진정한 우리의 과학사(科學史)가 될 터이다. 일각에서는 전통 과학에 대한 기존 인식의 잘못에 대한 반작용으로 민족과학을 내세워 그것을 지나치게 강조하려는 경향도 엿보였는데 이 또한 마땅히 경계해야 할 대상이다. 19세기 후반 프랑스의 유명한 세균학자 루이 파스퇴르의 "과학에는 국경이 없다. 그러나 과학자에게는 조국이 있다."는 말처럼 과학 자체는 특수성보다는 보편성에 토대해야 한다.

최근 세계 과학계에서는 무조건 앞만 보고 달리는 방식의 분석적 접근과 지식

보다는 직관적인 지혜와 융합적 접근이 긴요하다는 인식하고 있다. 이는 이제 서양적 접근방식과 인식이 한계에 다다랐음을 의미하는 다른 표현이겠다. 그래서 그 동안 소홀시하여 왔던 동양적 사고와 인식 쪽으로 차츰 눈을 돌려 가고 있는 것이다. 이런 사정을 고려하여 그럴 때 우리 속에 잊혀지고 버려진 잠재적 과학사상(事象)들은 되살려 냄이 옳다.

| 감상문 |

우리 문화의 재발견–고대 문화의 과학성

박준영(고고인류학과)

문화란 그 사회를 구성하는 가장 밑바닥이라고 생각한다. 달리 말하자면 민족과 국가를 형성하는 정신이요, 혼일 것이다. 다양한 문화는 시간이 지남에 따라 변화하거나 변질되거나 퇴보되는 단계를 밟아 왔다. 저번 시간에 이어 두 번째 시간에 임하는 마음은, 조금 더 가볍고 그리고 수업의 기대심과 흥미로움으로 가득 찼었다.

역사적으로 과학이라 한다면, 보통 사람들은 그 전통과 원리를 서양에서 찾곤 한다. 모든 과학이 서양에서 파생되었고, 그 발전의 혜택을 우리(동양)가 받았고 또 그것이 당연한 것인 양 사고하고 있다. 물론 틀린 말이라고 할 수는 없다. 하지만 역사적으로 볼 때 동양의 과학은 나름의 특성을 살려 종이, 나침반, 화약을 발명했고 이는 서양으로 넘어가, 서양은 정밀하고, 분석적인 사고를 살려 대포를 만들거나, 나침반을 이용해 대륙을 발견하는 데 사용하였다.

동양과 서양 과학의 발전 차이의 근본적인 이유는 합리적이고, 분석적인 서양의 사고와 동양의 조금 불분명하고 애매한 신비적인 사고의 차이에서 시작할 것이다. 하지만 결론적으로 서양과학의 한계를 벗어나는 데 가장 큰 도움이 된 것은 동양적 사고이다. 대표적으로 '퍼지 이론'을 말할 수 있을 것이다. 이 퍼지 이론을 이용하여 오늘날 가전제품이 만들어졌고, 자동제어 분야에 응용되는 기술로 사용되고 있다.

오늘날 과학성의 실물을 나타내는 것 중 하나는 '성덕대왕의 신종'일 것이다. 이 종은 세계의 종 중 가장 뛰어난 소리를 낸다고 한다. 하지만 만드는 과정에서 어려움이 많았다고 한다. 경덕대왕(신라 전성기) 때부터 만들기 시작했으나, 완성연대는 770년이었다. 인신공양에 의해 만들어졌다는 말도 있지만, 근래의 조사결과 인 성분이 검출됨이 상당히 미비해서, 인신공양이 사실이라는 의견과 그렇지 않다는 두 갈래 의견으로 나뉘어졌다.

성덕대왕신종은 예술성과 문화성을 가지고 있다. 날이 맑은 날 60km까지 소리가 전달되는 이유는 위쪽에 닭목을 가지고 치고, 꼭대기의 용 모양의 고리 등의 특징 등이 있기 때문이라고 한다.

우리나라는 전통적으로 과학문화에 있어 훌륭한 것들을 많이 갖추고 있지만, 그러한 것들에 대해 저평가문화(자기비하적 사고)가 지대한 것 같다. 훈민정음, 측우기, 첨성대 등 과학적인 훌륭한 발명품이 많음에도 불구하고 이러한 저평가문화가 지대한 이유는 조상들이 과학기술을 조직화하고, 대중화하지 못한 상태에서 오늘날로 접어들었기 때문일 것이다. 또한 전통적인 문화를 외부를 통해 확인하는 아이러니도 지적할 수 있다. 최초의 금속활자를 발명했지만, 처음에는 이것에 큰 관심이 없다 외부에서 그 평가를 높이 사고, 재평가했을 때 그제서야 중요하고 소중한 것임을 알게 되어 부랴부랴 우리의 역사이고, 문화라고 주장한다.

또 다른 하나는, 문화의 잘못된 평가이다. 예로 국보 31호 첨성대는 과학기술문화재이지만, 실제로는 건축물 등록이 되어 있다고 한다. 이 얼마나 잘못되고 평가인지 옛 조상님들께 죄송하단 마음에 고개가 숙여진다.

우리는 다시 한 번 고대 과학과 문화에 대한 계몽의 기회를 가져야 할 것이다. 오늘날 세계적으로 우리의 문화는 재확인되고 있고, 이러한 과정을 통해 우수한 문화를 다시 한 번 확인하고 있는 추세이다. 그러므로 우리는 타인에 의한 문화의 재확인이 아니라 우리 스스로 문화에 대해 관심을 가지고 그 본질적인 것을 이해하여 훌륭한 과학적 문화를 인지하여야 할 것이다. 우리나라는 반도국가인 지리적 특징과 유교적인 사회적 풍습과 일제강점기와 6·25 동란 등을 거치면서 문화에 대한 관심보다는 가족주의에 입각해 먼저 살고 보자는 생각이 만연해 왔다. 하지만 오늘날까지 그 굴레를 벗어나지 못한다면 훌륭한 문화를 가지고 있는 대한민국의 국민이라고 할 수 없을 것이다. 우리는 우리 전통의 문화에 더욱 더 관심을 가지도록 노력해야 할 것이다. 적어도 이 시간 이후로 나만큼은 그렇게 되도록 실천해 볼 것이다.

마지막으로 이런 시간을 만들어 주신 이재열 교수님과 귀한 시간 내어 강의해 주신 주보돈 교수님께 감사드린다.

| 네 번째 강의 |

오래된 변두리의 언어, 방언의 다양성

이상규(경북대 국어국문학과)

1. 언어와 문화 그리고 생명 다양성

이 세상 모든 생명체의 죽음은 자연 운명의 논리로 설명될 수 있으나 전쟁, 개발 등의 인위적인 원인에 의한 집단적인 환경 파괴와 죽음이 문제가 되는 것이다. 인위적인 요인에 의해 생물의 종과 인간 문화와 언어가 대량으로 급속하게 절멸하는 현상은 현재 매우 위험한 수준에 와 있다.

특히 자연 생태 환경의 파괴와 제국의 지배적 방식에 의해 언어와 문화가 거대한 죽음으로 이어지는 속도와 양의 문제는 매우 극적인 상황을 연출하고 있다. 인류 역사를 되돌아보면 어떤 형태로든 위기가 항상 도사리고 있었고 때로는 자연의 재앙에 의해 인류의 역사가 단절되는 경우도 허다했다. 그러나 인간이 직접 자연에 영향을 미침으로 인한 인류 문화와 생태계의 절멸 현상이 거대한 죽음의 형태로 또 그 죽음의 속도가 매우 급진적으로 진전되고 있는데 문제가 매우 심각하다. 이렇듯 다양한 인류의 토착지식을 전달할 수 있는 언어도 급격한 몰락을 눈앞에 두고 있다. 6천여 가지의 인류 토착 언어가 금세기에 거의 절멸하는 지적 대재앙을 경험할 것이라고 미래학자들은 예고하고 있다. 지난 세기 전 지구상의 많은 원주민과 부족 언어와 방언이 사멸되듯이 한 나라의 내부에서도 중앙 언어에 억눌린 변두리의 언어인 방언이 급격하게 단일화함으로써 다양한 방언이 사멸될 위기에 처해 있다.

지난 15세기 이후 농업 경제의 발전과 더불어 산업 과학기술과 항해술의 발달로 서구 유럽의 여러 나라들은 적도 남반부에 있는 여러 대륙과 섬들을 식민지화함으로써 토착 문화와 생태 및 언어의 획일화가 가속되었다. 잉카 문명의 몰락과 많은 아프리카를 비롯한 남태평양 군도의 생태와 언어, 그리고 원주민들의 몰락이 이를 증명하고 있다. 이처럼 세계 문명의 단일화에 대한 토착 생태와 문화, 그리고 언어의 붕괴 현상에 대한 우려 깊은 비판의 목소리가 여기저기에서 쏟아져 나오고 있다. 우리 주위에서 다양하던 종족과 부족의 언어가 두려울 만큼 빠른 속도로 절멸해 가는 사이에 우리는 아직도 이러한 위기를 체감하지 못할 뿐만 아니라 전체적 차원에서 이러한 상황을 파악하는 데 소홀하다. 환경, 문화, 언어의 절멸이 별개의 문제가 아니라 매우 밀접한 관계를 맺고 있어 생물, 문화 및 언어 다양성이 함께 연구되어야 할 필요성이 점차 커지고 있다. 생태적 다양성은 지구의 장기 생존에 필수적이다. 모든 살아 있는 유기체, 식물, 동물, 박테리아와 더불어 인간은 복잡하고 섬세한 관계들의 네트워크를 통해 생존하고 번영한다. 생태계의 요소 중 하나에 해를 입히면 전체 체계에 예측할 수 없는 결과가 일어날 것이다. 종들이 서로 다른 환경 속에서 생존하기 위해 유전적으로 적응하면서 진화는 유전적 다양성의 도움을 받아 왔다. 다양성은 적응 잠재력을 지니고 있다. 종의 단일성화는 전체 생태 환경을 위험에 처하게 할 수 있다. 이와 같이 언어의 다양성과 생물의 다양성은 서로 분리될 수 없이 밀접한 관계를 맺고 있다.

다양한 언어와 문화가 무너지는 것은 인간의 지적 성취에 대한 증언이 줄어들고 서로를 풍요롭게 할 수 있는 여지가 줄고 있다는 것을 의미한다. 생태학적으로 이야기하면 가장 다양한 생태계가 가장 강한 생태계이듯이 다양한 언어가 공존

한다는 것은 인간의 다양한 지적 기반을 공유할 기회가 그만큼 많다는 것을 뜻한다. 다시 말해 언어나 생태, 그리고 문화 다양성은 자연환경의 안정성과 직접 관련되며, 인류의 장기적 생존에 매우 중요한 요건이다. 지구상에서 인간이 거둔 성공은 수천 년 동안 여러 다른 종류의 환경(문화 환경과 대기 환경)에 적응할 수 있는 능력과 긴밀한 관계를 맺고 있다.

자연 생태의 단종화가 위기를 몰고 올 수 있듯이 인류 문화와 언어의 다양성에 대한 보장이 절실하게 필요하다는 말이다. 다양한 언어와 방언의 지리적 혹은 사회 계층적 분화는 인류의 다양한 토착지식의 격자(格子)라고 할 수 있다. 이 거대한 언어로 직조된 토착 인류 지식의 격자를 인위적인 방식으로 깨뜨리는 일은 정쟁이나 환경파괴로 대자연을 훼손하는 일도 그 맥을 함께하고 있는 것이다.

인터넷을 통해 전 지구의 이웃들과 매우 가까워졌다. 지식의 축적 속도도 더욱 빨라지고 있다. 정보와 지식의 생산과 관리가 소수의 전문가 중심으로 이루어지던 시대에서 다중(多衆) 간의 협업과 지식 정보를 공유하는 방식으로 바뀌고 있다. 정보와 지식의 총량도 급격하게 늘어나고 있다. 이를 요령 있게 검색하고 활용하는 방식에 익숙하지 못하면, 정보와 지식은 인간에게 이익보다 혼란을 가중시킬 수도 있는 상황이다. 동시에 학문 지식도 통합과 융합의 방식으로 지식 기반의 통합화가 이루어져야 경쟁력을 갖춘 시대가 될 것이다.

이제 생산된 지식을 체계화하고 융합하여 조직화하는 일이야말로 국가 경쟁력을 강화하는 지름길이라고 할 수 있다. 소위 엘리트층에서 생산한 고급 지식도 다중들이 실용할 수 있도록 재구성하는 노력도 절실하다. 엘리트층과 다중 간의 지식환경을 순환적으로 만들 필요가 있다. 이는 다중들로 하여금 지식 능력을 고도화하고, 나아가 이들이 다시 협업의 방식으로 지식 생산에 참여하도록 하는 것으로, 다중 지식의 평준화에도 기여하면서, 궁극적으로는 국가 지식 경쟁력을 강화하는 방법이기도 하기 때문이다.

특히 웹을 기반으로 할 경우 다량의 지식 정보를 관리하고 이를 효율적으로 검색·활용하는 일은 더욱 용이해진다. 지식 정보는 기호와 아이콘으로 구성되어 있다. 세상 문화의 기표는 문자와 아이콘, 영상, 음악 등의 방식으로 운영되고 있다. 우리는 지금 기호와 아이콘으로 이루어진 세상에서 살아가고 있다. 이 기호와 아이콘은 상상력으로 가득 찬 기표(記標)와 기의(記意)로 포장되어 있다. 그 속에는 문화 원형의 비밀이 숨어 있고 멋진 토착 이야기가 잠들어 있어 깨워주기를 기다리고 있을지도 모른다. 이처럼 기호를 재해석할 수 있는 상상력을 키우지 않고는 언어나 문화와의 연계성을 밝혀낼 길이 없다. "언어는 역사 보관소"라고 한 시인 에머슨의 말처럼, 언어는 일단 기록되거나 표현되면 언어학에 관련된 정보 그 이상의 것을 우리에게 전해준다.

콘텐츠 구축과 이야기의 서사적 구성을 위해 여기 방언을 활용하는 몇 가지 사례를 소개하고자 한다. 인류의 지적 유산은 모두 기호로 형상화하여 남는다. 그림, 부호, 문자, 음악, 영상, 목소리 등을 통해 인간이 생산한 지식과 온갖 정보는 하드디스크에 기록되어 흔적처럼 남게 된다. 기호가 문화 원형의 비밀을 간직하고 있음에도 우리가 그 사실을 잊고 살 뿐이다. 새롭고 창의적인 콘텐츠를 구축하기 위해서는 기호의 비밀 속에 숨어 있는 토착 문화 원형의 비밀을 끄집어내어 이야기로 만들어야 한다.

자연 환경적 요인이 아닌 인위적인 언어 정책으로 인해 다양한 방언이 대량 사멸되고 있어 토착어의 기반이 매우 심각하게 약화되고 있다. 이러한 위기를 그대로 방치한다면 이는 곧 국가 지식정보의 경쟁력이 결국 약화된다는 점에 주목하고자 한다. 지역 방언에는 이 민족이 그동안 이룩해 온 다양한 토착 지식과 문화의 정보가 아로새겨져 있음을 인식하고, 이러한 토착 지식 정보를 활용하기 위한 관심을 가져야 할 필요가 있음을 강조하고자 한다.

이러한 관점에서 이 글에서는 방언에 숨어 있는 두 가지 사례, '딩각'과 '개매기'라는 방언에 숨어 있는 토착 지식의 정체성을 밝히고자 한다. 그 과정에서 방언을 활용하여 새롭고 창의적인 문화콘텐츠로 진화시킬 수 있는 방안도 논의할 것이다. 또 하나는 우리나라 토착지식을 체계적으로 연구하여 이를 세계 학계에 알린 나비박사 석주명 선생의 예를 들어 토착 지식의 활용한 학문 간의 융합과 협업이 얼마나 중요한지 설명하고자 한다.

2. 울산 반구대 암각화에서 다시 살아 나온 '딩각'

영남 지방에는 일제강점기에 맥이 끊겼던 '꽹말타기(호미씻이 놀이)'라는 고유 민속인 두레놀이가 있다. 세 벌 논매기 작업을 마칠 무렵이면 힘든 벼농사 일의 일단계가 끝난다. 가을걷이 때까지 힘든 논매기의 노동이 끝나는 날을 기리기 위해 큰 잔치를 한다. 마을 공동체 놀이 기구라 할 수 있는 두레패들이 이 놀이를 앞장서 지휘한다.

[그림 1] 딩각의 연주 모습 (사진 제공 : 『매일신문』 2006년 3월 26일자)

호미를 씻는 날이라고 해서 '호미씻이' 또는 호미를 씻어 걸어 놓는다고 해서 '호미걸이' 날이라고도 한다. '호미씻이하다'는 지역에 따라 '꼼비기묵는다', '서리치술뭉는다' 등으로 다양하게 불리기도 한다. 이날이 되면 '농자천하지대본(農

者天下之大本)'이라 쓴 큰 깃발을 논 가장자리에 세워두고 버드나무나 칡넝쿨, 솔가지 등을 장식한 소에 길마를 지워 그 위에 상좌농부(상머슴)가 앉아 '딩각(오동나무로 만든 나팔)'을 불며 지주의 집에 모여들어 두레 풍물굿을 벌인다. 이와 비슷한 예로 두레의 일종인 황두 작업을 할 때 새벽에 박주라꾼이 신호용 나팔인 '박주라'를 불면 황두꾼들은 빠른 시간 안에 일정한 장소에 모여 계수(稽首)의 점검을 받고 작업장으로 나갔다. 이 '박주라'라는 나팔과 '딩각'의 용도가 비슷하다. 박주라는 가죽나무(혹은 오동나무)로 두 뼘쯤 되며 그 끝은 나팔 모양으로 퍼지게 만든 악기이다.

쨍말타기 놀이의 전통은 삼한 시대부터 경상남북도 일대에서 전승되어 오던 우리 고유의 풍속이다. 그러나 일제강점기에 이 두레놀이가 항일 운동의 수단으로 활용될 것을 우려한 일제들에 의해 금지되면서 그 전통과 맥이 끊어졌다. 다른 지방에서는 '징, 장구, 북, 꽹과리'로 구성되는 사물놀이로 즐긴 것과는 달리, 영남 일부 지방에서는 사물에서 '딩각'이라는 나팔을 추가하여 오물놀이로 즐겼다고 한다.

호미씻이 놀이였던 쨍말타기의 절멸과 함께 오물놀이의 주요 악기였던 '딩각'도 자취를 감추면서 그 이름 역시 우리 기억에서 사라지게 되었다. 『표준국어대사전』이나 각종 민속사전에서도 찾아볼 수 없을 뿐만 아니라 심지어 민속학자나 국악 전문가들도 '딩각'이라는 민속 악기를 알지 못하는 상황에 이르게 되었다. 이처럼 사회의 변화와 함께 사람들이 사용하던 각종 일상 용구나 악기의 이름이 희미하게 지워져 가고 있다. 그래서 지난 시절의 풍경이 더욱 애틋하게 그리워지는 것이다.

필자는 경상도지역 방언인 이 '딩각'의 정체를 알아내려고 수소문하다가 두 가지 사실을 알게 되었다. 이 '딩각'이 경상도 지역에 잔존해 있는 오물놀이에 사용된 악기라는 것이다. 그리고 최근 송광매기념관(대구 팔공산 기슭에 소재하고 있다)을 운영하는 권병탁 이사장이 수 년 전부터 각종 문헌을 뒤져 자료를 수집하고, 지역의 70세 이상 노인들을 대상으로 설문 조사를 하여 일종의 농무의 하나인 '꽹말타기' 놀이를 복원하였다. '꽹말타기'는 대구 달성, 경북 청도, 고령을 비롯하여 경남 합천, 산청, 창녕 등지에 퍼져 있다. 재현된 꽹말타기는 상좌농부의 딩각 신호에 맞춰 꽹과리와 징, 장구, 북의 사물이 뒤따르며 즐기는 농무(農舞)이다.

[그림 2] 울산 반구대 암각화의 일부에서 따옴

그 후 얼마 지나지 않아, 필자는 이 '딩각'의 원형을 [그림 2]처럼 울산 반구대 암각화에서 찾아냈다. 신석기시대에서 철기시대에 걸쳐 어로 공동체인 두레패에서 사용되었던(제의 절차로 사용되었다는 견해도 있다) '딩각'이 현재까지도 그 원형 그대로 남아 전해져 오고 있다는 사실에 얼마나 놀랐는지 모른다. 현재와 과거를 이어 주는 기호의 이 위대한 힘, 기호는 인류의 지적 흔적을 감추고 있는 위대한 유산이다. '딩각'이라는 방언 어휘 하나가 시공간을 이어 주는 이처럼 위대한 힘을 발휘하고 있다는 사실은 놀라운 일이다. 방언이 얼마나 오래된 우리의 유산인가를 새삼 증명해 주는 발견이었다. 방언은 까마득한 철기 시대와 인터넷 시대인 현재를 연결해 주는 토착 지식의 저장고라고 말할 수 있지 않는가?

[그림 3] 울산 반구대 암각화[김호석이 쓴 『한국의 바위그림』(문학동네, 2008)에서 따옴]

이처럼 기호 속에 숨이 있는 문화 원형의 길찾기를 통해 멋진 문화콘텐츠를 구축할 가능성의 실마리를 풀어내어야 한다. '딩각'은 놀랍게도 [그림 3]에서처럼 울산 반구대 암각화에 나타난다. 김호석이 쓴 『한국의 바위그림』(문학동네, 2008)에서 바위그림을 시대별로 구분하여 설명하고 있는데 A 도판의 1번 그림이 바로 '딩각'을 불고 서 있는 사람의 모습이다. 남근(男根)을 과장해서 그린 이 새김의 악기 이름을 바로 민속 방언 어휘에서 찾아낸 것이다. 철기시대, 철기로 농기구를 만들어 사용하였던 시기, 혹은 그보다 더 오래전 원시 농경 시대부터 수렵이나 농경 또는 어업의 협동을 위해 두레패를 모으는 신호로 이 '딩각'이 사용되었을지도 모른다는 상상은 아직도 나 자신을 전율케 한다.

한국의 바위그림, 울산 대곡리 반구대 허리까지 찬 물길, 유유히 흘러가는 강물 속에서 숨어 있는 기호를 읽어 내고 그 속에 감추어져 있는 무한한 상상력의 세계를 향해 꿈의 날개를 펼치는 이야기를 만들어야 한다. 바로 울산 반구대 암각화의 좌측 상단에 '딩각' 악기를 불면서 고래잡이를 총 진두지휘하는 두레패 상좌의 모습을 찾아낼 수 있다. 유난히 큰 남성의 성기를 자랑삼아 치켜세우고 서 있는 모습. 지금 금방이라도 '붕~' 하는 '딩각'의 소리가 울리고 힘차게 요동치는 고래의 모습이 눈앞에 선연하게 다가선다.

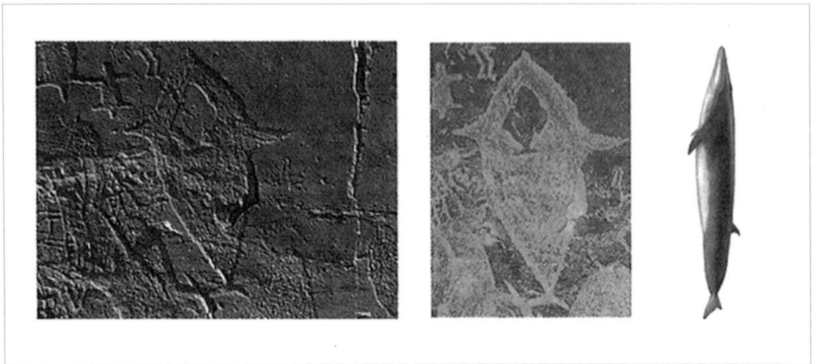

[그림 4] 울산 반구대 암각화에 새겨진 고래

'딩각'뿐만 아니다. 울산 대곡리 반구대 암각화에 새겨진 덧칠된 그림을 시대별로 구분한 김호석의 『한국의 바위그림』(문학동네, 2008)에서는 육지 동물의 도상적 특징을 규명하는 동시에 그 속에 새겨진 동물의 이름을 하나하나 밝혀내고 있다. 특히 고래 그림의 형상을 낱낱이 구분하여 그 이름을 밝혀내고 있다. 까마득한 철기시대의 우리 선조들이 체험한 동해 고래의 생태를 밝혀낸 매우 흥미롭고 진지한 기술을 한 책이다. 여기서 밝혀낸 ①북방긴수염고래, ②귀신고래, ③수염고래, ④혹등고래, ⑤향고래, ⑥들쇠고래, ⑦돌고래, ⑧범고래 등 8종의 고래 이름과 그 형상을 판독해 내고 있다([그림 4] 참고). 그런데 놀랍게도 『표준국어대사전』에는 '돌고래'를 제외한 다른 고래의 이름은 올림말로 다루지 않았다. 고래의 하위 종 이름을 체계적으로 처리하지 않았기 때문에 편찬자 임의로 들쭉날쭉하게 올림말을 가려 올렸기 때문이다. 고대 바위그림 속에서 옛날의 생태계를 파악해 낼 수 있는 수수께끼 같은 정보가 숨어 있듯이 고대 민속 생태와 밀접한 관계가 있는 이런 중요한 어휘들을 싣지 않은 사전이 완전하다고 할 수 있겠는가? 리처드 엘리스가 쓰고 안소연이 옮긴 『멸종의 역사(no turning back)』(AGORA, 2006)에 따르면 이미 1200년경에 쇠고래의 이야기가 아이슬란드 동물 우화집에 실렸으며, 멜빌이 쓴 소설 『백경』에서는 비스케이 참고래와 고래사냥의 역사를 소재로 하였다고 한다. 전 세계적으로 고래가 급격하게 소멸하고 있다. 세계적으로 이미 멸종된 다양한 고래들이 철기시대 무렵, 우리나라 동해에 큰 어군을 이루고 있었음을 알려 주고 있다. 그리고 고래잡이를 나선 공동 어로 작업에 참여한 오물놀이의 선두잡이인 '딩각'을 불고 있는 사람. 절묘하게 시간을 건너고 공간을 접으며 다가서는 위대한 이야기를 재구성해 보자. 고래와 고래가 대화하고 고래와 사람이 이야기를 나누며, 왜 고래 생태계가 멸종으로 치닫고 있는지, 출렁이는 파도를 타는 고래를 3D기반 콘텐츠로 재구성하고 실감나는 화상과 넘치는 파도가 관중의 머리 위로 솟구치는 콘텐츠를 제작해 보자.

인간 지식의 결정체인 언어가 무의의 반전으로 소멸하기도 하면서 동시에 다시 창의적인 지식 정보로 되살아 날 수 있는 무서운 마력을 가지고 있다. 필자가 쓴 『방언의 미학』(살림, 2007)에서 '딩각'이 울산 반구대 암각화에 생생하게 살아 있음을 증명하였다. 방언 '딩각'은 이처럼 심연의 역사를 거슬러 철기 시대의 우리 선조들이 살던 모습과 맞닿아 있다. 남성의 성기(농경 풍요를 상징)를 자랑스럽게 돌출시키고 그 남근보다 몇 배나 더 긴 '딩각'을 불면서 우리 선조들은 무슨 생각을 하였을까? 더불어 살아가는 인간 공동체 삶의 꿈은 예나 지금이나 유효기간이 없다.

3. '개매기', 축제로 되살아난 원시 어로 방식

잊혀가는 선조들의 전통적인 삶의 방식에는 '더불어 살아가는 공동체의 삶'의 흔적이 고스란히 남아 있다. 아침 일찍 먼저 일어난 사람이 마을 공동 어로 구역이었던 '석방렴'에서 자기 가족이 먹을 만큼의 고기를 잡아 오면 그 다음 사람이 차례대로 욕심 없이 나누면서 함께 살았다.

2008년 5월 경남 남해군에서는 전통 고기잡이 방식을 체험하는 축제를 기획했다. 2006년 녹색체험마을로 선정된 바 있는 남해군 남면 홍현1리 해라우지 마을에서는 2008년 5월 4일 마을 앞바다와 해변가에서 "어어(漁漁)라 숭어다! 어어라 숭어판이다."라는 주제로 제2회 홍현 해라우지 마을 숭어 잔치를 했다고 하였다. '석방렴'이란 바닷가에 돌로 담 모양의 울타리를 만들어 바닷물이 밀려드는 밀물에 따라온 고기들이 썰물이 들 때 미처 바닷물을 따라 빠져나가지 못하고 돌 둥우리, 곧 석방렴에 갇히면 이를 손으로 잡아 올리도록 만든 원시적 어로시설이다. 또한 '홰바리'는 밤중 썰물이 들면 횃불을 들고 해변으로 나가 해삼이나 멍게, 소라, 낙지 등을 잡는 것을 뜻하는 남해 방언이다. '삿갓배미'는 '삿갓+배미(농지 정리를 하지 않은 논 이름에 붙는 접사)'와 같은 어휘 구성으로 삿갓 모양의 작은 단위의 논을 말한다. 경남 남해에서는 이 '삿갓배미'에서 실제로 써레질을 하듯이 밀물 때 들어온 고기를 맨손으로 직접 주물러서 잡았는데, 이를 '개매기'라고 한다. '개매기'는 '갯+막이'가 줄어서 된 말이며, 이 개매기보다 더 원시적인 공동 어로 방식으로 '돌살'이라는 말도 있다.

바닷가에서 살던 우리 선조들로부터 물려받은 공동체 삶의 원형 가운데 한 가지인 공동 어로 방식으로 '돌살'과 '개매기'라는 형태가 아직까지 전해 내려오고 있는 것이다. '돌살'과 '개매기'는 표준어가 아니라는 이유로 『표준국어대사전』에는 올림말로 실려 있지도 않다. '돌살'은 밀물과 썰물의 간만 차이가 많은 주로 서해안 지역에 어민들이 썰물 때 돌로 어망형식으로 축성을 쌓아서 밀물 때 바닷물과 함께 밀려든 고기들이 썰물 때 미처 빠져나가지 못하고 돌 축성 안에 남아 있으면 마을 사람들이 와서 자기가 먹을 만큼의 고기를 잡아가는 공동체 어로 방식이다. 주강현이 쓴 『돌살』(들녘, 2006)에서는 우리나라 바닷가에 퍼져 있는 '돌살' 형태와 어로 방식에 대한 이야기뿐만 아니라 외국의 사례까지 소개하고 있다.

[그림 5]와 같은 돌살이라는 어로 방식은 아마도 까마득한 옛날 원시 인류의 삶의 방식 가운데 한 가지임에 틀림이 없다. 세월이 흘러도 그 옛날 민속적 형태가 고스란히 전해 오듯, 거기에 딸린 낱말에 묻어 있는 역사성을 곰곰이 파헤치면 까마득한 우리들의 옛 선조들과 만날 수 있다.

[그림 5] 돌살, 말발굽형 돌살의 모습(서해)

전라도 신의도 원목마을 바람금리에는 갯벌로 이루어진 큰 만이 있다. 이곳에 길이 400m 정도의 '개매기(개막이)'가 전통적으로 내려오고 있다. 바닷물이 드나드는 물목 양쪽을 그물로 막아 고기를 잡아내는 '개매기'는 싱싱한 생선을 스트레스 주지 않고 자연생태 그대로 잡아낼 수 있는 장점이 있다고 한다. 신의도의 이 '개매기'는 가장 먼 바다에 설치되어 있는 것이어서 연안어족인 숭어, 전어, 광어는 물론 큰 바다 생선인 조기, 도미, 대하, 중하 등도 잡을 수 있다고 한다. 신의도의 '바람금리 개매기'는 우리나라 개매기 가운데 가장 먼 바다 쪽에 있는 것이고 규모도 가장 크다.

'개매기'는 나무를 얽어 바자로 만든 원시형 그물로 '갯+막이'로 구성된 합성어인데 앞에서 살펴본 '돌살'보다는 좀 더 발전된 형식의 공동 어로 방식이다. 이 원목 마을은 아침 일찍 사람들이 자유로이 자기가 먹을 만큼의 고기를 잡아가는 원시 공동체 삶의 방식을 아직까지 유지하고 있다. '돌살'이나 '개매기'는 바로 까마득한 옛 선조들의 삶의 모습과 형식을 파악하는 데 매우 중요한 어휘이다. 그런데도 서울 지역의 교양인이 사용하는 말이 아니라는 이유로 『표준국어대사전』에서 배척당한 말이라고 하니 참으로 이해할 수 없는 노릇이다. 단지 비표준어라는 이유로 국민의 언어생활의 외연으로 따돌림받음으로써 우리말은 점차 소멸되지 않을 수 없게 된다. 사람들은 '돌살'에서 바닷물이 언제 밀려왔다가 언제 밀려가는지, 즉 갯벌과 바다 생태계 체계를 본능적으로 파악하고 있어야 한다. '물때'라는 인지체계에 따라 아침저녁 하루에 두 번씩 드나드는 조류에 맞추어 고기잡이를 한다. 자연의 이법에 따라 살아가는 이들의 삶 속에서, 너무나 중요한 인간 삶의 역사성의 무늬를 찾아볼 수 있다. 신경준이 쓴『도로고(道路攷)』에 한 달 동안의 조석 성쇠일을 밝혀 둔 것과 거의 일치하는 '물때' 읽기의 어휘들을 살펴보자. 물때는 보름 단위로 '사리'라고 하는데 사리는 생이(生伊)[1]라고도 한다. 또 보름의 반이 7일인데 5일에서 7일까지를 '꺾기'라고 하며 이는 물살이 셌다가 물발이 줄어들어 '조금발'이 꺾어진다는 의미이다. 8일은 '조공'이라고 하는데 '조금'에서 변한 말로서 물이 공처럼 오그라든다는 의미이다. 서산 지역에서 물때의 이름이 '그믐(여섯매)－초하루(일곱매)－초이틀(아홉물)－초사흘(열물)－나흘(열물)－5일(열한물)－6일(대게끼)－7일(아침조금)－8일(한조금)－9일(무시)－10일(한메)－11일(두메)－12일(서메)－13일(너메(느메))－14일(다섯메)－15일(아침 썰물)'와 같은 계열을 이루고 있다.

물때를 이르는 다양한 명칭들은 '물'과 '메'의 복합어로 이루어져 있다. '물'은 '무렵'이라는 뜻을, '메'는 '가까이'라는 의미를 가지고 있다. 6일(대게끼)에서 8일(한조금)까지 하나의 전환을 이루는데 '대게끼'는 '꺾임'으로 물살이 세다가 약간 잔잔해질 무렵을 말한다. 이와 같이 물때의 흐름을 잘 파악해야 살아갈 수 있는 것이다. 그러나 표준어가 아니라는 이유로 그들의 생태계나 생명과 직접적인 관련성이 있는 어휘들을 사전에 올리지 않음으로써 어휘 생태계의 일부가 송두리째 사라져 버릴 위기에 처해 있다.

이외에도 물이 살아난다는 뜻의 '산짐'이나 낮물보다 밤물에 고기가 많이 든다는, '낮물'과 '밤물' 같은 어휘들은 바다를 생활의 터전으로 하는 이들에게 무척 소중한 말들이 아닐 수 없다.

1 신경준의『도로고(道路攷)』, "十五日六水埃 號生伊水極生盛也"[십오일 여섯 물(강하게 나감), 생이라 부름. 물이 극도로 성해진다.] 주강현(2006:33)에서 재인용함.

4. 토착 지식의 활용과 과제

우리나라의 국가 지식 경쟁력이 비교적 낮은 편이다. 다양한 고급 지식생산력은 매우 활발하지만 이들을 서로 연계하고 통합하는 기반이 매우 취약하기 때문이다. 다중에게 기초적인 지식 기반을 제공할 수 있는 국어사전에는 다양하게 생산되는 지식을 실어 담아야 하는데 그러한 기반이 매우 취약하다는 것이다. 결국 국가 지식 경쟁력을 높이기 위해서는 연구실이나 연구소를 통해 생산되는 다양한 지식을 체계적으로 통합해 내고 또 학문 간의 융합과 협업을 강조해야만 한다. 뿐만 아니라 우리의 토속적인 지식들을 체계적으로 연구하고 이를 세계학계에 알려야 할 필요가 있다.

생물학자들은 일제 치하에서도 각종 식물이나 동물, 곤충, 어류 등의 이름을 철저하게 우리 토속말로 만들어 내고 또 이를 세계학계에 널리 알린 바 있다. 생물학자들이 했던 것처럼 다른 분야에서도 쏟아져 나오는 전문용어를 토착 언어와 문화를 고려하여 우리말로 다듬어야 할 것이다. 특히 우리가 개발한 인터넷 관련 제품이나 기술 개발을 전부 외국어로 해외에 소개함으로써 우리의 토착 기술력이 전혀 세계에 알려지지 않고 있다. 이것이 바로 세계적으로 국가 지식 경쟁력이 뒤떨어질 수밖에 없는 이유이다.

이병철이 쓴 『석주명 평전』(그물코, 2001)에 "조선에 서식하고 있는 많은 까치나 맹꽁이는 미국에도 소련에도 없고, …… 이처럼 자연과학에서는 생물학만큼 향토색이 농후한 것이 없으니, '조선적 생물학' 내지 '조선 생물학'이라는 학문이 성립될 수가 있다."(석주명의 「국학과 생물학」)라고 말하는 것처럼 토속 지식 체계를 견고하게 해 두면 국가적 지식 경쟁은 그 기반이 튼튼해질 수 있게 된다. 그럼에도 불구하고 우리의 토착 학문의 영역은 도리어 서구적인 학문 체계로 급속하게 편입되고 있는 실정이다.

토착 지식에 관해서는 주로 생물학적 관점에서 살펴볼 필요가 있다. 주로 지역적 변이를 많이 보이는 토착 신종이나 신아종(新亞種)이 발견되면 유사종과 대비하여 학계에서는 그 이름을 명명하게 되는데, 속명, 종명, 아종명 및 채집자의 성을 명시해 준다. 예를 들면 '유리창나비'의 학명은 '*Dilipa fenestra takacukai*, SEOK'와 같다. '*Dilipa*'는 속명, '*fenestra*'는 종명, '*takacukai*'는 아종명이고, 'SEOK'는 발견자의 성이다. 식민지 시대였음에도 불구하고 우리나라 생물학자들이 학명에 대응되는 고유어로 우리 이름을 지어 학계에 정착시킨 노력은 매우 높게 평가하지 않을 수 없다. 석주명은 당시 일본학자 마쓰무라와 우치다가 붙인 동종이명 가운데 844개를 말소하고 독자적인 동종이명을 체계화하였다. 일본의 에자키 교수까지도 이러한 석주명의 노력과 업적을 높이 평가한 바 있다. 석주명은 한국의 신아종 '도시처녀나비, 수노랑나비, 스키타니은점선표범나비(성진은점선표범나비), 유리창나비, 긴지부전나비(깊은산부전나비)' 5종을 발견하여 세계 학계에 보고하였다. 학문의 경쟁력이란 다른 나라에 존재하지 않는 토속 지식을 소개함으로써 더욱 강화될 수 있다. 『표준국어대사전』에 '수노랑나비, 성진은점선표범나비, 깊은산부전나비'는 올림말로 다루지 않고 있듯이 우리 스스로가 우리의 학문 성과를 과소평가하고 있다. 외국의 학술 용어에만 편승하는 학계의 흐름을 되돌려야 할 필요가 있다. 쏟아져 나오는 전문용어가 전부 외국어 원음주의로 표기된다면, 앞으로 우리의 모국어 자리에는 외국어 조어로 가득 찰 것이다.

가락지장사, 까마귀부전, 각씨멧노랑나비, 갈구리나비, 개마별박이세줄나비, 개마암고운부전, 거꾸로여덟팔, 검은테떠들썩팔랑, 검은테주홍부전나비, 고운점박이푸른부전, 꼬마까마귀부전, 꼬마멧팔랑나비, 꼬마어리표범, 꼬마팔랑, 꼬마흰점팔랑나비, 구름표범나비, 귀신부전나비, 귤빛부전, 그늘나비, 극남부전나비, 글라이더-팔랑나비, 금강산귤빛부전, 금강석녹색부전, 금빛어리표범, 긴꼬리부전, 긴은점표범나비, 긴지부전나비, 남방공작나비, 남방남색꼬리부전, 남방남색부전, 남방씨-알붐, 남주홍부전나비, 네발나비, 노랑지옥나비, 녹색부전, 높은산세줄나비, 높은산표범나비, 담색긴꼬리부전, 담색어리표범, 대덕산부전나비, 대왕팔랑나비, 떠들썩팔랑, 떠블류-알붐, 돈무늬팔랑나비, 두만강꼬마팔랑, 라파엘귤빛부전, 만주산어리표범, 먹그늘나비부치, 물빛긴꼬리부전, 민남방제비나비, 민무늬귤빛부전, 밤오색나비, 백두산노랑나비, 백두산부전나비, 뱀눈그늘나비, 뱀눈없는지옥나비, 벚나무까마귀부전, 봄어리표범, 뽀죽부전나비, 부처사촌, 북방까마귀부전, 북방거꾸로여덟팔, 북방기생나비, 북방알락팔랑, 북신흰점팔랑나비, 붉은점암녹색부전, 사랑부전나비, 사파이어녹색부전, 산뱀눈나비, 산부전나비, 산어리표범, 산은줄표범나비, 수노랑이, 수풀꼬마팔랑, 수풀떠들썩팔랑, 수풀알락팔랑, 스키타니은점선표범나비, 스나이더-어리표범, 시가도귤빛부전, 시골처녀, 시베리아부전나비, 시실리그늘나비, 씨-알붐, 신부나비, 아르카스부전나비, 아이노녹색부전, 알락나비, 알락팔랑, 암고운부전, 암끝검은표범나비, 암먹주홍부전나비, 암붉은오색나비, 암암어리표범, 어리세줄나비, 어리표범, 에조녹색부전, 엣다지옥나비, 엘알붐, 여름어리표범, 왕알락그늘나비, 왕팔랑나비, 왕흰점팔랑나비, 외눈이사촌, 외눈이지옥나비, 유럽푸른부전, 우리창떠들썩팔랑, 은점박이꽃팔랑나비, 은점박이알락팔랑, 은점어리표범, 은줄팔랑나비, 은판대기, 작은녹색부전, 작은멋장이, 작은연주노랑나비, 작은은점선표범나비, 작은점박이푸른부전, 작은홍띠점박이푸른부전, 재순지옥나비, 점박이푸른부전, 제이줄나비, 제주도꼬마팔랑나비, 제주도왕자팔랑나비, 제주왕나비, 조선까마귀부전, 조선산뱀눈나비, 조선세줄나비, 조선알락팔랑, 조선줄나비, 조선줄나비사촌, 주홍부전나비, 줄꼬마팔랑, 줄그늘나비, 중국부전나비, 중점박이푸른부전, 지옥나비, 지이산팔랑나비, 직작줄점팔랑나비, 참나무부전나비, 채일봉지옥나비, 처녀나비, 측범나비, 큰녹색부전, 큰멋장이, 큰수리팔랑나비, 큰은점선표범나비, 큰점박이푸른부전, 큰주홍부전나비, 큰홍띠점박이푸른부전, 큰흰줄표범나비, 팔랑나비, 푸른큰수리팔랑나비, 함경부전나비, 함경산뱀눈나비, 함경어리표범, 함경흰점팔랑나비, 헤르츠까마귀부전, 혜산진흰점팔랑나비, 홍띠점박이푸른부전, 홍줄나비, 황모시나비, 황알락팔랑나비, 후치령푸른부전, 흑백알락나비, 흰줄표범나비 – 『석주명 평전』(그물코, 2001)

위에 열거한 명칭들은 『표준국어대사전』에 오르지 못한 『석주명 평전』(그물코, 2001)에 실린 나비의 토착 이름들이다. 이 나비 이름의 학명을 그대로 외래어 표기법으로 표기하지 않고 우리말로 바꾼 것이다. 그런데 학계에서 이런 아름다운 토착 이름을 전부 포기하고 학명 원어를 그대로 사용한다든지 외래어 표기법에 따른 원음주의로 표기를 일반화한다면 우리말의 생태계는 결국 무너질 수밖에 없다.

여러 학문 분야 가운데, 특히 자연과학자들은 전공 학술 용어를 순수 우리말로 많이 만들어 사용하고 있다. 특히 남북한의 생물학 분야에서는 학술 용어뿐만 아니라 동식물 이름을 곱고 예쁜 우리말로 만들어 사용하고 있다. 이처럼 눈에 보이지 않는 나라사랑 운동을 자연과학도들이 실천하며 선도해 왔다는 사실을 알아야 한다.

최근에 들어온 학술 용어는 제쳐 두더라도, 대부분의 학술 용어가 외래어나 일본어식 한자 조어로 된 말을 그대로 사용하는 경우가 일반적이다. 이러한 사례는 인문·사회과학 분야에서는 두말할 나위도 없고, 사람의 죄를 다스리는 법학 분야에서도 흔히 나타난다. 응당 사람들이 가장 쉽게 이해해야 할 민법이나 형사법 조항에서조차 법률 용어가 일본어식 한자 조어로 된 말이 많아 법관이나 이 방면의 전공자들이 아니면 알아듣지 못할 말이 너무나도 많다. 그뿐만 아니라 일제 식민지 사관을 비판해야 하는 많은 역사학자들도 '민무늬질그릇'이라고 부르면 더욱 좋을 터인데 '무문토기(無文土器)'라고 명명하는 식으로, 일제 학술 용어를 그대로 답습하고 있으니 답답한 노릇이다.

이러한 추세는 일찍이, 현대적인 학문이 도입되기 시작한 일제 시대에 관립대학의 출발인 경성제국대학에서부터 생겨난 우리 대학의 전통유산(?)이다. 아무리 국제화 시대라고 해서 구르는 돌이 박힌 돌을 뽑아내어서야 되겠는가. 언제부터 우리 민족이 미국 사람으로 변했는지, 또는 일본 사람으로 되었는지, 제정신을 차려야 할 것이다. 어찌된 연유인지는 몰라도 남북한의 생물학자들이 사용하고 있는 동식물의 이름은 매우 앙증맞은 우리말로 표현되어 실제 대상과 그 명칭과의 관계가 매우 닮은 듯이 느껴진다. '은방울', '은초롱', '청미래덩굴', '자벌레밤나비'와 같은 순수한 우리말로 동식물의 이름을 지어낸 생물학자들은 어느 학문분야보다 민족을 사랑하는 마음이 컸던 것일까? 다행스럽게도 최근 의학계에서도 학술 용어를 우리말로 바꾸려는 노력을 보이고 있을 뿐만 아니라, 철학, 역사학에서도 그러한 노력을 보이고 있다니 여간 다행스러운 일이 아니다.

자연적인 요인이 아닌 인위적인 요인으로 어휘 생태계가 몰락하는 모습을 확인할 수 있다. 언어의 절멸 징후는 생태의 위기에서 그 이유를 찾아볼 수 있다. 다양한 환경적 요인들의 급격한 변화로 다양한 생태의 종들이 없어짐에 따라 언어도 소멸되는 추세를 보인다. 그런데 이런 자연 환경적 요인이 아닌 언어 정책으로 인해 다양한 종들의 이름이 단일화되면서 언어가 죽어가는 징후를 읽어 낼 수 있다. 예를 들면 생태학에서 분류한 물고기 종들의 이름이 『표준국어대사전』에 올림말로 체계적으로 실리지 않은 경우들을 볼 수 있다. 그렇지 않아도 다종의 물고기 이름이 지속적으로 종명에서 과명으로 통합되는 추세를 보이는데 종명에 대한 분류학적 어휘가 마치 옥수수 이빨이 빠지듯이 체계적 공백을 보임으로써 언어 절멸을 가속화하고 있다. 김익수가 쓴 『춤추는 물고기』(다른세상, 2000)의 물고기 종별 분류표에 실린 물고기 이름 중 『표준국어대사전』에 실리지 않은 어휘는 단어 앞에 * 표시를 하였다.

미꾸리과: *종개, 쌀미꾸리, 미꾸리, 미꾸라지, *참종개, *부안종개, *미호종개, *왕종개, *남방종개, *동방종개, 새코미꾸리, 기름종개, *점줄종개, *줄종개, *북방종개, 수수미꾸리, *좀수수치
망둑엇과: *날망둑, *꾹저구, *왜꾹저구, *문절망둑, *왜풀망둑, *흰발망둑, *비늘흰발망둑, *풀망둑, *열동갈문절, *애기망둑, *무늬망둑, *갈문망둑, 밀어, *민물두줄망둑, *황줄망둑, *검정망둑, *민물검정망둑, *줄망둑, *점줄망둑, *날개망둑, *모치망둑, *제주모치망둑, *꼬마청황, *짱뚱어, *말뚝망둥어, *큰볏말뚝망둥어, *미끈망둑, *사백어, *빨갱이, *개소겡

언어의 절멸을 예고하는 원인 가운데 하나가 다양한 종명(種名)이 상위 과명(科名)으로 점차적으로 통합되는 추세를 보인다는 것이다. 게다가 『표준국어대사전』에서조차 * 표가 표시된 토속 물고기 이름들을 올림말로 싣지 않음으로써, 사전이 언어 다종성 자체를 무너뜨리는 역할을 하고 있다는 것도 그 원인이 된다. 물론 대상물이 점차 절멸의 상황으로 치닫고 있지만 어문 정책을 반영한다는 사전에서조차 이를 올림말로 다루지 않고 있다는 것은 문제다. 또 다른 이유로는 학교 교육에서 이러한 종 다종성에 대한 교육이 치밀하지 않음으로 인해 표준어의 외연에 방치되어 있는 생태 어휘들이 무너져 내리고 있다는 것이다. 이러다가 조만간 우리의 모국어를 이루는 모래성의 아랫부분부터 차츰차츰 붕괴되지 않을까 염려스럽다.

박수현이 쓴 『바다생물 이름 풀이사전』(지성사, 2008)은 우리 일상생활에서 늘 접할 수 있는 바닷고기에 얽힌 이야기를 재미있게 풀어낸 책이다. 기자 생활을 하면서 접한 다양한 바닷고기를 소개한 책이라는 점에서 일반 독자들도 쉽게 접근할 수 있다. 이 책에서 첫 번째 소개하는 가오리를 '노랑가오리(딱장가오리, 상양어, 湘洋魚), 해계어(海鷄魚), 황홍(黃紅), 전기가오리(시끈가오리, 쟁개비)－쥐가

오리-매가오리(연분, 鳶鱝), 황홍어(黃紅魚)'와 같이 다양한 종류로 소개하고 있다. 그런데 '쥐가오리'를 매가오릿과로 뜻풀이를 하면서 정작 '매가오리'는『표준국어대사전』에 실려 있지 않다. '쥐가오리'의 한자어나 토속적인 이름은 하나도 소개하지 않았다.

우리나라의 여러 학문 분야 가운데, 학술용어를 순수 우리말로 사용하고 있는 분야가 생물학 분야라고 할 수 있다. 필자가 근무하던 대학에서 식물생태학을 전공하는 모 교수의 저서 교열을 봐주면서 깜짝 놀란 일이 있다. 생물학자가 국어학자들보다 순수 우리말로 된 학술 용어 사용을 고집하며 더욱 우리말을 아낀다니 기가 막히는 일이 아닌가? 어찌된 연유인지는 몰라도 생물학에서 동식물 명칭은 거의 대부분 우리말로 이름을 지어 놓았다. 듣기에도 말하기에도 매우 편하고 가깝게 느껴져 더욱 친근하게 다가온다.

5. 마무리: 방언의 재해석을 통한 콘텐츠를 위하여

두레놀이를 진두지휘하는 오물패의 선두잡이 역할을 하는 악기 '딩각'과 원시 공동체의 어로 방식인 '개매기'를 소재로 하여 문화콘텐츠로 진화시킬 수 있는 방안을 모색해 볼 수 있다. 세계에서 문화 5대 강국으로 진입하기 위해서는 컴퓨터그래픽 산업의 발전이나 디지털 가상세계를 보다 사실적으로 연출할 수 있는 기술력을 발전시키는 일도 중요하지만 그 안에 담아낼 스토리텔링의 소재를 어떻게 발견하고 재해석하는 방법도 매우 중요한 과제이다. 필자는 문화콘텐츠는 기호의 상상적 해독에서 시작해야 한다고 믿고 있다. 인류의 상상력과 지혜를 담아내는 기호를 그냥 고정된 것으로 내버려 둔다면 기호는 끊임없이 퇴각하여 인류 문명의 지층 속으로 가라앉아 버릴 것이다. 변두리 방언이 그러했듯이 변두리 국가나 부족 역시 절멸의 운명을 맞이하여 역사의 지층 속으로 내려앉게 된다. 기호를 재해석하여 상상적 기의를 온전하게 담아낸다면 기호는 새로운 지식 정보의 보고임을 알게 될 것이다.

지난 세기까지 '기호'는 제국을 건설하는 대단히 강력한 수단이었다. 기표(記標)는 기의(記意)를 담아낼 뿐 아니라 인류의 상상력과 토착 지식을 담아내는 수단이다. 기표를 고정시키고 상상적 기의를 온전하게 담아내지 못하면 결국 기호는 퇴각하고 만다. 인간 지식 또한 그런 무의의 반전으로 소멸하면서 동시에 생성되고 축적되어 온 퇴적물이기도 하다. 오늘날 방대하게 늘어난 지식과 정보에 적응할 수 있도록 이를 체계적으로 관리하는 문제로 눈을 돌리지 않으면 그 많던 지식과 정보는 단지 쓸모없는 쓰레기에 불과하게 될지도 모른다. 버려진 기호에 새롭고 창의적인 생명력을 불어넣을 수 있음을 '딩각'과 '개매기'의 사례를 통해 살펴보았다.

문화 5대 강국으로 가는 길은 결코 쉬운 일이 아니다. 지식 정보를 집대성하고 그것을 관리하는 새로운 방식이 마련되지 않으면 파편화된 콘텐츠밖에 만들 수 없게 될 것이다. 그리고 지식 생산을 담당하는 엘리트와 다중들 간의 간격은 더욱 격차를 보일 것이며, 선진국과 후진국 간에도 국가 지식 경쟁력 차이가 심화될 것이다. 이러한 지식 혁명의 시대에 국어사전은 다중에게 지식 정보를 효율적으로 전달하는 '지혜의 심장'이라고 할 수 있다. 이인식이 쓴 『지식의 대융합』(고즈윈, 2008: 31)에서 "인간은 '문화 때문에' 만들어진 동물이고, '문화에 의하여' 만들어진 동물"이라고 했는데 나는 여기에다가 인간은 "문화 때문에 상상한다."라는 말을 덧없고 싶다.

우리의 모국어가 자연적인 요인으로 인해 무너져 내리는 것이 아니라 국가 정책이라는 인위적 행위에 의해 언어나 방언의 다양성이 붕괴되고 있다. 방언에는 사람들이 그동안 이룩해온 토착 지식과 경험 그리고 창의적인 문화의 정보가 가득 담겨 있다. 그 토착 지식의 정보를 유용하게 해독하여 문화콘텐츠로 전환한다면 대단한 경쟁력을 가질 수 있을 것이다. 사라진 나비와 풀꽃들을 4차원 디지털 영상물에서 회생시키는 감성 콘텐츠 개발 노력이 절실하게 필요하다. 4D 영상 콘텐츠에서 꽃의 향기를 맡을 수 있는 콘텐츠 진화를 꿈꾸어 보자.

| 감상문 |

인간의 지식체계를 담아내는 그릇, '기호'

김용준(국어교육과)

기호는 인간의 지식체계를 담는 수단으로 사용되어 왔다. 인간은 언어라는 기호를 사용하며, 그것에 지식체계를 담아 전수, 확장하여 지금껏 발전을 거듭하여 왔다. 비단 언어를 가지고 있는 집단뿐만이 아니다. 그 옛날 언어가 없었던 시기나 혹은 지구촌 오지에 있는 부족민 사이에서는 언어 이외의 기호, 예를 들어 그림(암각화) 등으로 자신의 지적체계를 담아 그것을 남기고 전수했다.

인간의 지식체계를 기호라는 매개체에 담아 수평적으로는 동시대 사람들에게, 수직적으로는 다음 세대에 끊임없이 전수한다는 것은 인류의 발전에 절대적으로 중요한 일이다. 인간은 기호를 사용하여, 사람과 사람 사이, 세대와 세대 사이의 지식통로를 열어, 지식체계의 단절을 막고 기존 지식체계에 살을 덧붙임으로써 끊임없는 발전을 이룩할 수 있다.

현재 서방의 국가들이 지구촌의 중심에 서 있는 이유는 무엇인가? '영어'라는 강력하고 보편적인 기호를 바탕으로 지식체계를 보다 체계적이고 튼튼하게 구축해 왔기 때문이다. 그 옛날 식민지 시대에 왜 제국들이 피지배국가들의 언어 기호를 포식하고 말살했을까? 이는 피지배국가의 지식전수를 막고, 언어 기호로 그들을 타자화하여 지배층 아래에 두기 위한 것이었다.

이토록 인류의 지식전수와 발전에 중요한 기호체계가 최근 다양성을 상실해 가고 있다. 우리나라에서는 방언문자기호가, 세계적으로는 약소국의 문자기호가 점차 사라지고 있다. 우위 언어의 포식으로 인해 약소언어 기호들이 소멸하면 제각각 그 언어 기호로 전수해 왔던 지식 체계 또한 붕괴되어 사라진다. 이러한 현상이 지속적으로 심화되면 인류의 지식정보가 단순해져 결국 인류의 지식체계는 무너질 수밖에 없을 것이다.

이러한 위기 속에서 우리는 무엇을 해야 할까? 비주류의 다양한 기호들을 주의 깊게 살피고 이를 보존하기 위해 노력해야 한다. 방언기호에는 그 지역에서 전수하여 체계화된 지식이 저장되어 있다. 고래그림을 그린 울산 암각화의 그림기호에는 당시 고래 종류에 관한 다양한 지식이 숨어 있다. 우리는 여태껏 주목받지 못했던 수많은 기호들에 관심을 가지고 접근하여 지식체계를 알아내고, 발견한 기호와 지식을 모아 '사전'이라는 하나의 그릇에 담아 보존해야 한다.

현대사회에서는 IT, 인터넷 기술 등으로 지식, 정보가 굉장히 방대해졌다. 만약 이러한 지식정보를 기호의 다양성에 기반하여 체계적으로 정리하지 않으면 언젠가는 소멸할 것이다. 우리는 사라져 가는 언어기호들을 정교하게 '사전'에 담아 그들의 지식체계를 보호하고 대중에게 전달하는 역할을 하여야 한다.

한국은 이러한 역할을 맡기에 대단히 유리한 위치를 차지하고 있다. IT 강국이라 불릴 정도로 인터넷 관련기술이 높기 때문에, 이를 활용한 지식정보의 융합, 체계화, 관리가 탁월하며, 우리의 언어기호인 '한글'은 그 글자가 매우 배우기 쉬워 지식체계를 담아내거나 습득하거나 교류하기 용이하다.

지식정보강국의 성장성을 가지고 있는 우리는 사라져 가고 있는 방언

기호와 그와 관련된 지식체계를 '사전'에 모아 체계화하고 관리함으로써 보다 다양한 지식체계를 전승, 발전시키는 데 앞장서야 할 것이다. 한편 주목받지 못하였던 기호와 지식체계를 문화 콘텐츠로 개발하여 문화 경쟁력을 키우는 동력으로 삼는 것도 필요할 것이다.

| 다섯 번째 강의 |

기층문화의 전승과 의의

–민요를 중심으로

김기현(경북대 국어국문학과)

1. 기층문화(基層文化)의 특성[1]

기층문화란 말 그대로 '국가와 민족을 구성하는 기본층에 속하는 다수의 사람들이 삶을 살면서 오랜 세월 동안 만들어 온 그들의 문화'를 말한다. 이를 달리 '민속'이라 부르기도 한다. 기층문화에는 사상, 풍속, 생활양식, 습관, 종교의례 같은 민속생활과 민요, 무가, 판소리 그리고 설화나 속담, 수수께끼 같은 민속문학, 가면극, 인형극 그리고 민속놀이와 민속악과 민속춤 등의 민속예능 등이 있다. 이러한 문화 양식들이 기층문화가 되기 위해서는 오랜 역사와 전통을 지니고 있어야 하며, 그 민족이 보편적으로 공유하고 있는 생활양식이어야만 한다. 따라서 우리의 기층문화는 가장 한국적인 정서와 사상의 그릇이다. 기층문화를 뜻하는 독일어 Volkskunde[Volks(민간, 민중)+Kunde(지식, 학문)]나 영어 Folklore[Folk(민간, 민중)+Lore(지혜, 지식)]는, 오랜 세월 동안 기층집단 사람들이 환경에 적응하고 대처하는 가운데 얻어진 삶의 지혜와 신앙이 이 속에 담긴 것이기에 매우 합당한 말

1 김의숙 · 이창식, 『민속학이란 무엇인가』, 청문각, 1996, pp. 1–7 참조 및 재인용.

이다. 기층문화는 그런 의미로 민속학 또는 민족학으로도 다루어진다.

기층문화는 자연적, 사회적, 역사적 환경에 의해 형성된다. 기후와 풍토 그리고 지형 등의 자연적 조건에 따라 형성되고 영향을 받는다. 인간의 삶이 오랜 세월 동안 자연에의 끊임없는 대응과 극복, 순응과 융화에 의해 지속되어 왔기에 그러하다. 또한 여러 사회적 조건에 의해 영향을 받아 형성된다. 사람이 군집생활을 함으로써 자연히 사회적 질서를 필요로 하게 되고, 거기에서 관습이나 제도가 만들어졌다. 예의와 의식이 생기고 도덕과 종교 사상이 만들어져 다수의 공동체적 삶을 균형 있게 이루고자 한 결과이다. 뿐만 아니라, 기층문화는 역사적 상황의 영향을 많이 받는다. 민족의 기본층인 민중은 언제나 존재하는 실체이며 역사의 중심이고 주체이다. 따라 기층민중의 삶이 변하면 기층문화도 변해 왔다. 역사의 질곡 속에서 언제나 기층민중은 변하였고, 이에 따라 기층문화도 생성하고 성장하다가 또 소멸하기도 하며 한 생명체로의 모습을 지니고 전승집단의 보편성 속에서 전승되어 오늘에 이르렀다.

기층문화는 다음과 같은 것을 몇 가지 특성으로 정리할 수 있다.

첫째, 기층문화 자체는 갑자기 생겨난 것이 아니라 향유층의 보편성에 의해 오래도록 전승된 것이다. 물질전승, 행위전승, 구비전승이 집합되어 전해 온다. 특히 장례의식이나 상례 등의 의식행위(儀式行爲)나 세시풍속 등은 그 내용과 형식이 늘 같거나 비슷한 전승관계에 있어 처음부터 끝까지 내재적인 계승관계가 존재한다.

둘째, 기층문화는 전승과정에서 사회·경제·정치·문화의 발전 변화에 따라 끊임없이 변화한다. 이러한 변화는 내용과 형식상에서 대개 일치한다. 인간의 사유와 삶의 방식이 시대에 따라 변화하면서 달라진 가치관이 이 같은 변화를 주도하고 있는 것이다. 이러한 변화성은 절대적이지만 역사발전, 사회개혁, 민족문화와 지리환경의 차이에 따라 차이를 낳게 된다. 그러나 그 변화의 정도는 달라서 변화가 크거나 작을 때가 있으며 완만하거나 급속할 때가 있다. 심지어는 도태되거나 사라지는 것도 있다.

셋째, 기층문화는 기층민중의 생활 현장에서 생동감 있게 존재한다. 그 현장은 단순히 일회적·즉흥적 모습의 시공간이 아니다. 현장은 본능적인 욕구를 해결하는 장소성을 지니면서 문화를 창조하는 유동적인 곳이다. 가령 노래를 부르는 현장이라 해도 그곳은 놀이터 내지 노래방 이상의 의미를 지닌다. 놀이의 현장은 집단의 축소판이며 마을의 임시적 여흥공간인 것이다. 다시 말해 사회적·문화적·역사적 공간의 기본 통로인 셈이다.

넷째, 기층문화는 지속과 변화의 과정에서 공간적으로 드러나 보이는 특징을 지닌다. 이를 향토성, 지역성이라 말할 수 있다. 기층문화의 형성과 공유되는 방식은 일정한 지역의 생활조건과 생산 활동 및 지연 관계 등에 제한을 받으며 독자적인 성격을 갖게 된다. 이 지역성 또는 지방성은 전승관계에서 지리적 환경에 의해 일정한 영향권 안에서 유지하면서 독특한 색채를 띠는 것이다. 오늘날 자국 문화 또는 지방문화 시대를 강조하고 있는 시점에 기층문화가 문화상품으로 첫 대상이 되는 것도 이 성격 때문이다.

2. 민요의 특성과 전승 의의[2]

민요는 노래로 된 구비전승물이다. 노래이기 때문에 말로 표현되며 일정한 가락(박자와 선율)을 지닌다. 말은 곧 사람의 생각이나 느낌을 드러내는 의사전달이나 의사교환의 수단이다. 그러나 노래 속의 말은 일상적인 대화나 독백이 아니며 또한 펼치며 풀어내어 설명하는 이야기가 아니다. 짧은 시간에 부르는 것이 노래이기에 살면서 생각하고 느낀 것이라 해도 길고 장황하게 늘어놓아 서술하기보다는 함축하여 묘사하는 것이다. 그렇기에 노래 속의 말인 사설이 가락을 지니고 함께 표현될 때 말은 단순한 언어가 아니라 문학이요 예술이다. 그러므로 민요는 한편의 예술적 창조물이다.

2 김기현, 「전승민요의 토속성과 변모」, 『민중문화론』, 영남대출판부, 1975, pp. 119-122 참조 및 재인용.

구비전승된다는 말은 어느 특정 개인이 일시에 작사 작곡하여 만들어 낸 것이 아니라는 말이다. 모든 구비전승물이 그렇듯이 민요는 공동작이다. 이것은 수많은 사람들이 그들의 생각이나 느낌과 같은 노래이기에 그들이 스스로 원해서 수용하고 또 다른 이에게 전해줄 때 성립되는 현상이다. 받아들이는 사람이 싫다면 그것은 사라지는 것이요, 좋아한다면 생명력을 획득하는 것이다. 전승은 그래서 혼자가 아니다. 더구나 문자로 고정되어 전해지는 것이 아니라 사람의 기억에 의존하여 말로써 전해진다는 점에서 전승되는 사이에 얼마든지 새롭게 변화될 수 있는 것이다. 구비전승물이란 그런 점에서 다수의 공동작이 되는 것이요, 또 많은 사람의 생각과 느낌이 그 속에 녹아 흐르고 있는 공동체적 성격을 지니는 것이다. 입에서 입으로 전해지는 구비물이란 기록되어 고정화된 것이 아니라는 말이다. "노래하지 않는 민요는 민요가 아니다."라는 말은 노래로 불려지는 속에서 끊임없이 변화하고 창조되는 것이 민요라는 뜻이다. 아울러 노래로서만이 아니라 노래하는 환경까지도 함께 구비적으로 전승되어야 한다는 것이다.

민요는 비전문적인 민중의 노래이다. 비록 당대의 민중에 의해 불려지더라도 전문적인 노래꾼이나 특수집단의 노래는 민요가 아니다. 옛날의 가객, 광대들이 부르던 시조, 가곡, 가사나 판소리, 또는 무당이 부르는 무가(巫歌)나 승려들의 범패(梵唄)는 민요가 아니다. 전문적인 노래꾼이나 특수집단의 노래는 기억하기 힘들 만큼 전문화되고 세련되어 있어서 일정한 수련을 거쳐 의도적으로 배워야 하는 노래이며 현실적인 삶과는 동떨어진 단지 부르기 위한 노래이기 때문이다. 또한 가락이나 사설이 전수되고 답습되어 고정되어지니 비록 입으로 부르지만 구비적 성격에서 벗어난 노래이다.[3]

민요는 소박하고 단순한 표현법을 지니고 있어 기억의 부담도 많지 않고 의식적인 훈련이 없더라도 쉽게 배우고 익혀 부를 수 있다. 세련되어 있느냐 단순하냐는

3 한국구비문학회, 『구비문학개설』, 일조각, 1973, pp. 1–9 참조.

예술적 가치와 무관한 것이기에 전문적인 노래방식이 필요하지 않다. 단지 살면서 생각하고 느낀 것을 아무 꾸밈없이 솔직하게 드러내는 노래, 그것에 무슨 기교와 세련된 표현법이 필요하겠는가.

민요는 기층민중이 널리 부를 뿐 아니라, 그 음악적·문학적 성격마저도 민중적인 노래이다. 민요란 한마디로 "민(民)의 노래(謠)"−Folks Song이다. 여기에서 이 어의(語義) 성립의 주체가 되는 "민"−Folks의 성격이 무엇인가에 따라 민요의 개념은 정의되는데, 이의 불명확성 때문에 많은 논란이 있어 왔다.[4] 민요의 주 담당층인 민(民)이란(적어도 민요학에 있어서) 동일 민족에 있어서 기층(Base)에 속하는 전체, 즉 인간 사회의 기본적인 층(Grundschicht der menschlichen Gesellschaft)으로 파악하여야만 할 것이다.[5] 그렇다고 한 국가의 국민이나, 민족 집단의 구성원 내지는 막연한 군중 즉 대중이란 뜻으로 넓게 보아서는 안 되며 생산담당층이어야만 한다. 그러므로 민요는 현실에 뿌리를 내리고 일상을 살아가는 수많은 기층민(봉건시대의 피지배계층)의 의식이 담기어 있다. 그들은 소박하며 단순하고 또한 체계적이지 못하다. 의뭉하지 않고 솔직하며 꾸밈이 없는 진솔함을 가지고 있다. 현실의 여러 문제와 직면하기에 갖가지 다양한 생각과 느낌을 지니고 있다. 추구할 이상보다는 현실의 모습을 타파하고 싶은 생각이 있다. 노동을 통해 살아가는 사람들인지라 그들의 노래 가락마저도 그들이 일하거나 놀 때의 육체적 리듬과 같은 현실의 율동을 보이고 있다. 그러기에 민요는 이 땅 다수의 사람들이 지닌 삶의 가락과 삶의 내용이 담겨 있는 것이다. 가식 없는 있는 그대로의 애환과 사연이 민요 속에는 있다.

4 고정옥, 『조선민요의 연구』, 수선사, 1949, pp. 10−14에서는 "民"의 정의를 다음과 같이 제시하고 있다. ①個에 對한 民; 문학이 개인의 제작임에 반하여 민요가 문자 그대로 民(集團)의 공동제작이라는 점에서 민요의 본질이 看取되는 것이다. ②君, 官에 對한 民; 민요의 향유계급은 통치계급이 아닌 民衆이며 人民이다. ③國에 對한 民; 민요는 국가의 노래가 아니라 민족의 노래다.

5 김진균, 「민요의 실체」, 『음악과 전통』, 태림출판사, 1984, p. 87.

민요는 생활상의 필요에 의해서 노래하는 사람이 스스로 즐기는 노래이다. 일할 때는 그 일의 힘겨움을 잊기 위해서나 일의 능률을 높이기 위해, 의식을 거행할 때는 진행상의 필요성이나 바람을 드러내기 위해, 놀며 즐길 때는 흥취를 돋우거나 더 잘 즐기기 위해 노래한다. 단지 노래 부르기만을 위해서는 노래하지 않는다. 바로 노래를 불러 듣기에 좋도록 부르는 것이 아니요, 누구에게 평가받기 위해 부르는 것도 아니요, 오로지 제 스스로 부름으로써 흥을 찾아 그 속에서 삶의 고통을 풀어내기도 하고 소박한 바람도 만들어 보는 것이니, 민요는 기능적이며 자족적(自足的)인 행위의 노래가 되는 것이다.

이 같은 민요의 모습은 바로 이 땅에 살아온 조상들의 모습이며 그들의 삶의 모습이다. 민요는 말로써 생각과 느낌을 표현하던 까마득한 옛날부터 존재했었기에 문학의 원류가 된다. 한 민족 집단의 대다수 사람들이 불러온 노래는 민족성의 본체이다. 뿐만 아니라 민중의 생활상을 담은 것이기에 민속의 진실체이며 향토예술이나 전통적 민족예술의 진면모를 파악할 수 있는 원형으로서의 가치를 지닌다.

이상과 같이 민요는 민요를 구성하는 주요소인 노랫말인 "사설", 그 리듬인 "가락", 역할인 "기능", 그리고 노래하는 "창자(唱者)", 노래하는 상황인 "구연(口演)" 등이 공시적으로 표현되는 구창예술(口唱藝術)이다.

민요를 창출하고 향유하는 사람들은 대체로 생산활동을 하는 기층 민중이기에 그들의 생각이나 느낌은 현실적인 삶의 환경과 밀접한 관련을 지니고 있다. 그들이 태어나 살고 있는 자연환경, 조상 대대로 이어져 내려온 오랜 관습과 풍속 등의 사회 문화적 환경, 그리고 그들이 일상적으로 사용하는 언어환경 등, 생활하는 현실적인 공간 모두가 민중들이 살아가는 삶의 터전이자 현실이며 이 현실이 곧 민요의 재료가 되는 셈이다. 현실적인 공간에서 창출되어진 노래가 민요이기 때문에 민요는 각 지역마다의 언어나 사람들의 기질, 생활양식, 그리고 자연환경의 차이에 따라 다른 지역과 변별되어지는 특수성을 자연스레 지니게 되니 이를 흔히 향토성, 토속성이라 일컫는다.

그러나 잘 알다시피 우리나라의 민요를 큰 시각으로 보면, 유사한 환경 속에서 생성되고 전파·전승되어 향유되어 왔기 때문에 외국의 민요에 비하면 두드러진 지역적 특성, 즉 토속성은 찾기 힘든 것도 사실이다. 좁은 국토에서의 생활이었기에 기후나 자연환경이 주는 차이를 크게 지닐 수 없었고, 일찍이 통일된 중앙집권식 정치 체제가 지닌 통제력은 지역마다의 독특한 역사적·문화적 특수성도 확보하지 못했다. 뿐만 아니라 단일민족으로 살아온 우리는 역사적 동류성이 지닌 유사한 삶의 환경으로 인하여 동질적인 정서와 사유방식을 지니게 됨으로써 대상인식이나 표현에 있어 큰 이질성을 지닐 수 없었기 때문이다. 그렇지만 엄밀하게 살펴보면 각 지역마다의 언어적 차이, 즉 방언이나 생활공간의 자연적 차이가 있어 약간의 토착성이 그렇게 없는 것만도 아니다. 전라도 지역의 〈육자배기〉, 평안도 지역의 〈수심가〉, 강원도 정선의 〈아라리〉, 그리고 제주도의 〈서우제소리〉 등은 각기 다른 지역과 변별되는 토속성이 강한 민요들인데 이러한 토속민요는 이 지역의 사람들이 그들이 속한 지역의 자연적·역사적·사회적 환경 속에서 현실적으로 지혜롭게 환경에 대처하거나 적응하기 위하여 엮어 낸 생활풍속에 의해 형성된 노래들인 것이다.

예로, 영남지역의 민요는 영남 사람들이 노래 부르는 구비전승물이다. 영남 사람들의 노래이기 때문에 이 지역 특유의 뉘앙스와 음성적 성격을 지닌 토박이말로 표현된다. 말에다 가락을 붙여 부르기에 말의 음성적 차이에 따라 가락이 달라질 수 있고 그 가락은 방언지역에 따라 차이를 드러낸다. 뿐만 아니라 민요가 현실적인 삶의 공간에서 만들어지고 부르는 것이기에, 자연환경의 차이나 민중들의 생업활동이 다르면 민요의 사설이나 기능에서도 차이가 나타나게 된다. 이러한 점이 민요에서 발견할 수 있는 지역성이요 토속성이다.

민요의 특징을 살펴보면서 빠뜨려서는 안 되는 요소가 있다. 그 하나는 현재 전승되고 있는 민요에는 유교문화의 힘이 전체에 지대한 영향력을 미치고 있다는 점이다. 고사성어나 한문투의 두드러진 표현, 가사체의 영향을 받은 정형성의 구조는 당대 지배층의 유교문화의 영향을 많이 입었음을 보여 준다. 특히 여성요에서의 사설이 지닌 표현력은 유교문화의 객관성·엄격성을 유지하고 있는 셈이다.

다른 하나는 민요에 표출되는 민중의 세계관이 긍정적이고 순응적이라는 점이다. 특히 남성 노동요에서 보여 주는 세계관은 비록 당대 현실의 고통스런 삶을 살며 부른 노래이지만 상황과 일정한 거리를 유지하는 여유와 웃음, 그리고 흥을 담아내고 있다. 소위 비극적 현실을 희극적으로 극복함으로써 민중은 삶의 역량을 키워 온 셈이다. 〈어사용〉 같은 남성 차탄요나 〈시집살이소리〉 같은 여성 차탄요에서의 뛰어난 서정성과 해학적 표현은 우리 민요의 문학적 우수성을 드러내는 예가 된다.

3. 민요의 현대적 변모[6]

1) 환경과 노래문화의 변화

노래는 삶의 환경에서 생성되는 사람들의 느낌과 생각이다. 그러므로 삶의 환경이 바뀌면 노래의 모습도 다르게 된다. 전통사회–조선조의 봉건적 계급사회–를 벗어나면서 이 땅의 삶의 환경은 짧은 시간에 급격한 변화가 일어났다.

첫째, 수직적이면서 고착적인 계급사회에서 수평적인 기능사회로의 신분이데올로기가 변화한 것이다. 지배층과 피지배층으로 쉽게 가름할 수 없는, 제도적인 평등사회로 변화한 것이다. 이에 노래 또한 어느 계급집단만의 노래가 있을 수 없고, 다층집단의 공유물인 노래의 시대로 변화한 것이다.

둘째, 노동환경의 변화이다. 수공업 농업노동이 중심이 된 봉건 경제사회에서 기계화, 산업화된 상업자본 경제사회로 바뀐 것이다. 노동의 방향이 생산중심에서 소비중심으로, 노동의 질이 생존중심에서 생활중심으로 변했다. 기능이 달라진 생활은 수많은 노래 속에서 일 기능을 도태시켰다. 기계화된 생산구조는 인간의 역할을, 노동기능을 감퇴시킨 것이다.

6 김기현, 「전승민요의 토속성과 변모」, 『민중문화론』, 영남대출판부, 1975, pp.134–140 참조 및 재인용.

셋째, 대가족제 가정구조가 핵가족화하였고 농경지를 중심으로 수십, 수백 년을 지속한 토착생활이 일터를 따라 옮겨 다니는 유동생활로 바뀌었다. 이 속에서 달라진 정치이데올로기는 개인의 자유를 확대하여 나감으로써 공동체의식이 쇠퇴하였고 사고의 폭 또한 개인 중심적인 방향을 구축하였다.

무엇보다도 이 같은 환경 속에서 전통사회에서 구축되어 온 노래환경이 달라졌다. 오늘날 다수인이 향유하는 노래는 소위 대중가요라고 일컬어지는 창작가요이다. 대중 매체의 발달로 각양각색의 창작된 노래가 대중의 기호에 의해 수용되고 있는 것이다. 그런데 대중가요는 이 땅의 노래문화에 많은 변화를 일으키게 되었다. 그 중 하나로 민요의 생산자, 창작자는 곧 가창자였고 향유자였는데 이제는 창작자, 가창자, 향유자가 각각 구분되어 전문화·직능화가 이루어진 것이다. 이에 능동적 주체였던 기층민중은 수동적인 객체로서 자리하게 되었고, 만들어진 노래를 수용하기만 하는 소비자, 관람자로 전락하게 되어 "노래문화"에 주체적으로 관계할 기회를 상실하고 말았다. 노래가 생산적인 "삶의 노래"가 아니라 소비적인 "즐기는 노래"로 바뀌게 되었다. 여기에다 노래 제작자들의 상업적 사고는 이윤추구를 위해 대중의 선택마저 강요하는 대중조작을 불러와 그 부정적 영향이 날로 심각하게 되었다.

1920년대부터 이 땅에서 부르게 된 새로운 노래문화인 대중가요는 오늘날 이 땅의 민요를 밀어낸 중심축이었고, 현재의 노래문화로 확고한 위치를 장악하고 있다. 그렇지만 이들 트로트(Trot) 계열의 노래들은 전통사회 속에서 민중들이 향유했던 고유한 3박자 계열의 가락 대신에 2박자 계열의 일본식 리듬을 사용하여 소위 "뽕짝"이라 하는 요나누끼 음계, 미야코부시 음계[7] 등 일본식 가락이 주를 이루고 있고, 또 서구에서 유입되어 온 재즈, 랩, 락 등등 각양각색의 가락이 뒤섞이어 우리의 전통적인 삶의 리듬감을 훼손하고 있다. 또 노골적인 애정 표현과 퇴폐적

7 "요나누끼" 음계는 도레미솔라 5음계를 바탕으로 한 것이고, "미야코부시(都節)" 음계는 라시도미파라의 6음계 2박자 계열의 곡이다. 일제시대와 60년대를 풍미한 대중가요는 대개가 이 음계들을 사용하고 있어 왜색가요라는 지탄을 면하지 못하고 있다.

애정성만 강조된 반한국적 정서를 지닌 노랫말에다 불필요한 외국어의 남용뿐만 아니라 정치적 이데올로기까지 의도적으로 주입하거나 아니면 철학을 상실한 건강하지 못한 소비적이고 환락적인 내용의 사설이 청소년을 대상으로 만들어져 국민정신을 좀먹고 있다. 상업적 수익성만이 강조되어 흥행만을 중시함으로써 무분별한 노래환경이 마련되어 나타난 찰나적인 소비문화를 확대하고 있는 점 등 그 병폐 또한 심각한 일면을 드러내고 있다.[8]

2) 현대의 민요

민중 현실의 변화는 자연스레 민요의 형태를 변화시킨다. 산업사회 속에서 억지로 전통적 토속민요만을 붙들고 있을 필요는 없고 또 그래서도 안 된다. 왜냐하면 민요란 늘 움직이고 변화하면서 사람들과 함께 살고 또 죽어가는 것이기 때문이다. 오늘날 일부 전통주의자들이 주장하는 전통의 계승이란 많은 전승민요를 화석화(化石化) 또는 골동품화(骨董品化)하는 취약성을 내포하고 있다. 전통이란 전래의 문화를 수용자가 얼마만큼 현실적·실제적·긍정적으로 수용하고 유지하느냐에 달려 있다. 현실적이고 실제적이란 말은 시대에 따라 변할 수 있음을 암시하는 것이요, 긍정적이란 수용자가 지향하는 인식이 그렇다는 말이다. 전승은 옛것의 보전이 아니라 현실적 변화가 수용된 것이 아니면 안 된다.

이 시대의 민요는 비록 그것이 긍정적 모습이든 부정적 모습이든 지금 존재하는 민요일 수밖에 없다. 비록 전통의 토속적 민요와는 다른 모습일지라도 현재의 노래 중에 노래문법이 전래의 민요와 가까운 것으로는 "일노래", "구전가요", "개사곡"을 들 수 있다. 이것들은 일정한 기준에 의해서 구분한 것이 아니고 노래현상이 그러하기에 구분한 것이다.

"일노래"는 전승민요 중 노동요에 그 근원을 둔다. 그러나 지금은 노동과 노래

8 이와 같은 현대의 대중가요가 지닌 문제점은 이강숙 외, 『노래1』, 『노래2』(실천문학사, 1986)와 김창남 외, 『노래운동론』(공동체, 1986) 등에서 심각성을 제시하고 있다.

를 일치시켜 불렀던 전승민요와 같은 일노래는 없다. 대부분 노동현장의 노래는 노동과는 관련이 없는 대중가요이며 있다고 하더라도 대개 일하면서도 부르는 것이 아니라 일하면서 듣는 형태의 노래다. 이는 기계생산 방식이 일반적인 이 시대에 인간의 노동리듬과 일치하는 노동기능의 노래가 존재할 수가 없기 때문이다. 그러므로 일노래는 고전적인 의미의 노동요와는 다른 형태를 띠지 않을 수 없다. 노동행위가 단순한 생산을 위한 도구로 전락해 버린 시대의 진정한 일노래는 노동을 극복하려는 보다 적극적이고 의식적인 것이어야 할 것이다. 일노래는 노동의 담당자인 노동자, 농민의 현실을 담은 노래이다. 70년대 이후 일노래는 지식인 작곡자들이 만들기도 했으나, 노동자와 농민들도 그들의 노동현실을 노래하기 시작했다. 노동자들이 만든 일노래는 자신들의 문제를 주체적으로 해결하려는 의지의 표현물인 셈이다. 이런 일노래는 대개 열악한 노동조건을 폭로하는 내용이 많은데, 노동쟁의 중에 투쟁요로도 불린다. 투쟁의 일노래는 투쟁하는 내용을 확인시키고, 노래하는 집단 내에서 정서적인 동질성을 확보하게 한다. 그리고 일노래는 노동현장에서 당하는 부당한 개인적인 노동체험을 집단적인 체험으로 확산시키며, 투쟁에 참여한 모든 사람을 일체화시키는 기능도 한다.

"구전가요"는 말 그대로 입으로 전승되는 노래이다. 명칭에서 보는 바와 같이 구전가요는 구전민요가 아니다. 즉 전승민요 문법에 맞는 노래가 아니라는 말이다. 그래서 음악적으로나 내용상으로 근대 이전의 민요형태를 가진 것은 구전가요에서 제외된다. 구전가요와 전승민요의 가장 큰 차이점은 가락과 장단 그리고 사설에 나타나는 내용이다. 구전가요는 대중가요처럼 현실을 환상적으로 왜곡시켜 표현하는 것이 아니다. 민중의 어둡고 추한 면까지도 솔직하게 보여 준다. 그리고 사회 현실을 풍자하기도 하고 민중 자신들의 삶을 해학적으로 보여 주기도 한다.[9] 구전가

9 "일노래"와 "구전가요"에 관한 내용은 『노래운동론』(공동체, 1986)에 실린 이영미, 「구전가요의 의의 및 한계」와 이영미, 「개사곡에 대하여」에서 도움 받은 바 크다.
구전가요 예시: 쫌백이 서울 가는데 / 쫌백이 쫌백이 서울 가는데 / 서울 가는 기차삯이 너무 비싸서 / 걸어가겠네 걸어가겠네 / 남이야 걸어가든 남이야 타고 가든 / 다같이 서울 가긴 마찬가지다. —〈쫌백이〉

요는 일노래나 개사곡보다 전승되는 범위가 더 넓고 또 전승력도 강하다. 일노래나 개사곡이 어떤 목적성을 가지는 데 비해 구전가요는 의도된 목적이 거의 없는 자연 발생적인 노래이기 때문이다.

개사곡은 "노가바(노래 가사 바꿔 부르기)"라고도 하는데, 이것은 가장 손쉽게 민중의 삶을 노래에 담을 수 있는 것이다. 기존의 잘 알고 있는 노래 가락에 표현하고자 하는 내용을 사설로 꾸며내면, 즉 가사를 바꾸면 되기 때문이다. 노가바에 사용되는 노래의 종류는 다양하다. 전승민요에서 대중가요, 동요, 구전가요 등 거의 모든 종류의 노래가 그 대상이다. 개사곡은 누구나 쉽게 만들 수 있기 때문에 요즘에는 문화운동의 한 방법으로도 널리 사용되고 있다. 노래 가사 바꿔 부르기는 임금투쟁 현상에서 하나의 프로그램이 되기도 하고, 대학축제의 프로그램이 되기도 한다.[10] 그러나 이러한 대중적 인기와 달리 개사곡은 생명력이 짧은 것이 보통이다. 그렇지만 이 노래는 가장 짧은 시간에 가장 빨리 내용을 담을 수 있어 가창집단 내의 확산효과 내지는 인지력이 월등하다는 장점이 있다.

민중의 삶을 내용으로 담을 수 있고 민중·민족의 정서에 일치하는 노래의 건설이 지금 시급하다. 앞에서 본 바와 같이 전승민요는 여러 가지 이유로 전승이 중단되어 있고, 현대민요는 일노래, 구전가요, 개사곡이라는 명칭에서 보는 바와 같이 갈가리 찢겨 있다. 이러한 노래 현실을 극복할 수 있는 길을 모색하기 위하여 우리는 무엇을 해야 할 것인가.

먼저 외부조건에 의해 강제적으로 전승이 중단된 전승민요를 되살리는 길이 중요한 것이다. 전승민요의 가락과 장단은 더 이상 절망적인 상태가 되기 전에 부활되어야 한다. 이런 의미에서 한국적 전통문화에 바탕을 둔 음악교육과 방송, TV의 상업문화에 일대 각성이 요구된다. 대중가요에 의해 오염된 노래문화는 전승민요의 부활을 바탕으로 민중적 내용과 민족적 형식을 갖춘 새로운 노래의 건설로

10 개사곡 예시: 내가 살던 고향은 부잣집 동네 / 일본쌀과 미국쌀 수입 등살에 / 마늘 양파 배추값 똥금된 동네 / 그 속에서 사는 농민 부럽습니다. –〈내가 사는 동네〉

다시 태어나야 한다.

이 민요들이 다시 되살아나고 그 튼튼한 맥을 이어나가는 길은 현재의 노래문화에 대한 새로운 비판적 질타만이 아니다. 또 우리 것, 옛 것의 무조건적 수용과 보전만이 길이 아니다. 애오라지 우리의 삶과 관계한 현실에 뿌리를 둔 노래의 주체적 창출과 이를 삶의 역동적인 힘으로 전환시키려는 각자의 노력뿐일 것이다.

| 감상문 |

문화로 읽는 대중가요의 흐름–신세계문화를 중심으로

우혜정(법학부)

우리는 살아가면서 단 한 번도 노래를 불러본 적이 없다는 사람을 만날 수 없을 것이다(특히 한국에서라면). 우리 민족은 모두가 알다시피 노래를 무척이나 좋아하고 즐겨 부르는 민족 중에 하나로 꼽힌다. 그리고 노래를 좋아하는 민족의 대부분은 거의 살기가 고달픈 사람들이라고 전해지고 있다. 결국 노래의 미학은 삶의 현실적 고통해소이고 고통해소의 가장 좋은 방법은 노래인 것이다. 이런 이유에서 노래를 즐겨 부르는 특성은 지금에만 한정되는 것이 아니라 옛날부터 그러했다. 현대에서는 모든 인간이 주체를 가지게 되는 평범, 다수로 바뀌었지만 예전에는 특수한 소수만이 인간으로서 살아갔다고 해도 과언이 아니다. 바로 양반이 그 특수한 소수계층이라고 할 수 있겠다. 이러한 양반들은 노래를 부르지 않았다. 단지 광대나 기생 등의 천한 계급 사람들에게 노래를 부르게 하고 양반은 소비자층의 입장으로서 듣고 즐기기만 해왔다. 그러다 보니 이들은 노래를 만들게 되었고 그 노래 안에는 그들의 정서가 깃들기 시작했다. 여기서 알 수 있는 점이 바로 노래의 역할이다. 위에서 언급하였다시피 노래는 삶의 고통해소로서 그 역할을 해왔다. 바로 삶의 고통이 없는 지배계층인 양반들은 노래를 부를 필요성이 없었고 삶의 고통이 있는 피지배계층의 사람들만이 고통해소를 위해 노래를 불러왔던 것이다.

그런데 이러한 노래를 예전에도 '노래'라고 일컬었을까? 아니다. 과거에는 노래라 부르지 않고 '소리'라 하였다. 소리는 자연성을 지니는 반면 노래는 인위성, 즉 놀기 위해서 일부러 만들어진 것이라 한다. 우리가 현재 부르는 노래는 바로 대중가요라 할 수 있다. 이러한 대중가요는 작곡가, 작사자, 가수, 엔터테인먼트 회사로 구성되어 만들어지는 것인데 이는 삶의 고통을 해소하기 위한 것이 아닌 돈을 벌기 위한 상업적인 것이다. 대중가요의 주 소비자층은 어린아이, 여성, 십대로 보여지고 있다. 이들은 단지 상업적인 목적에 이용되고 있으며, 지금의 대중가요는 조작이고 결국 사기나 다름이 없다. 지금은 '한류'라는 이름으로 국제화되고 있으나 우리의 대중문화 자체가 낙오이고 미국 음악의 껍데기에 불과하므로 조만간 무너지고 말 것이다.

우리 노래의 본질은 고통으로부터의 일탈과 풍요로운 삶에의 소망 등이었고 노래를 통해 삶을 건강하게 하는 것이었다. 하지만 지금 우리의 노래 즉 대중가요는 상업성이 너무나도 강하고 노래의 본질은 잊혀지고 있다. 이러한 상업주의가 우리 조상들의 정서를 해치고 있는 것이다. 우리는 노래의 본질을 잊지 말고 이를 보완하면서 지금의 노래를 남의 것을 본딴 것이 아닌 우리만의 노래로 발전시키고 계승할 필요성이 있다. 그 예로 뮤지컬을 들 수가 있다. 물론 뮤지컬의 본고장은 누구나 알다시피 미국이다. 뮤지컬은 유럽의 오페라를 미국이 본떠서 만든 것으로 노래, 춤, 대사 등의 복합 문화이다. 이러한 짬뽕문화는 우리의 정서에 부합한다. 예로부터 무대와 관객이 분리되지 않고 함께 소통하면 즐기는 문화는 우리의 정서에 맞는 것으로 이러한 뮤지컬이 우리와 잘 맞는다 할 것이다. 이러한 뮤지컬은 아마도 우리나라에서 오랫동안 지속될 것이고 미국보다 더 발전할 가능성이 있다고 할 수 있다.

이처럼 우리는 우리의 정서에 부합하고 우리 노래의 본질을 잊지 않을 노래를 만들고 보완하고 계승해야 한다.

| 여섯 번째 강의 |

박물관과 문화유산*

이영훈(국립경주박물관)

우리나라에서 근대적 제도로서의 박물관이 문을 연 때는 대한제국 순종 황제 시절인 1909년 11월 1일이었습니다. 창경궁 안에 만들어진 이 박물관을 통상 제실박물관이라 부르고 있습니다만, 이것이 우리나라 최초의 박물관입니다. 따라서 2009년은 우리나라에서 박물관이 문을 연 지 100년이 되는 해였습니다.

[그림 1] 창경궁 환경전-제실박물관의 전시 공간 중 하나

* 참고문헌 : 『국립중앙박물관 60년』(국립중앙박물관, 2006)
『한국박물관 100년사』((주)사회평론, 2009)

일제강점기인 1913년, 신라의 천년 수도 경주에는 경주고적보존회라는 관변 단체에 의해 자그마한 진열관이 문을 열었습니다. 1915년에는 일제에 의해 경복궁 안에 조선총독부박물관이 세워졌습니다. 1926년 6월 경주에도 앞의 진열관을 흡수하여 조선총독부박물관 경주 분관이 개관했습니다. 아시다시피 광복 전까지 박물관의 개관과 운영은 모두 일제의 식민정책에 의해 일본인들이 주도하였고 한국인은 철저히 배제되었습니다.

[그림 2] 1920년대 후반의 조선총독부박물관 경주 분관(지금의 경주문화원)

광복이 되어 1945년 12월 3일 미군정 하에서 경복궁 내 조선총독부박물관 자리에서 국립박물관이 개관했습니다. 일제 때 조선총독부박물관 분관이었던 경주박물관과 부여박물관도 국립박물관 분관으로 다시 문을 열어 오늘날까지 이어지고 있습니다. 이후 지금까지 공주, 광주, 진주, 청주, 전주, 대구, 김해, 제주, 춘천 등지에도 국립박물관들이 속속 세워져 이제는 국립중앙박물관 소속하에 모두 11개의 지방박물관들이 있습니다.

2005년에는 국립중앙박물관이 서울 용산에 새로이 집을 짓고 이사하여 문을 열었습니다. 이 건물은 대한민국 정부가 처음으로 국립중앙박물관을 위해서 지은 건물입니다. 1945년 국립박물관으로 출범한 지 꼭 60년만이었습니다. 개관기념 특별전으로 〈국립박물관 60년전〉을 열었고 이듬해에는 『국립중앙박물관 60년사』를 내어 그 동안의 역사를 정리하고 되돌아보기도 했습니다.

국립중앙박물관의 용산 이전은 여러 가지 변화를 가져왔습니다만, 그중 하나는 국립중앙박물관이 몇 십 년 만에 궁궐 속에서 궁궐 밖으로 나온 것입니다. 어떤 이는 박물관이 '사원에서 광장으로' 변화해야 한다고 이야기한 적도 있지만, '궁궐 속 박물관에서 궁궐 밖 박물관으로'의 위치 변동은 국립중앙박물관의 변화를 촉진하는 하나의 동인으로 작용하고 있습니다.

여기서 한 가지 짚고 넘어가야 할 것이 있습니다. 60년 동안 국립중앙박물관이 여섯 차례나 이사했다는 사실입니다. 민족문화의 정수를 간직하고 있는 나라의 얼굴인 국립박물관이 10년에 한 번 꼴로 옮겨다녀야만 했다는 것은 실로 부끄러운 일입니다. 가까운 이웃인 일본만 하여도 도쿄국립박물관이 우에노 공원에 자리한 지 벌써 130년이 되어 갑니다. 평생 동안 자기 집을 여섯 차례 옮기는 사람이 얼마나 되는지는 모르겠습니다만, 이사가 얼마나 어려운지 우리는 체험적으로 압니다. 하물며 수십만 점의 문화유산이 들어 있는 국립박물관을 옮기는 일의 어려움은 이루 말할 수 없습니다. 이를 우리는 무려 여섯 차례나 했던 것입니다. 이제는 한 자리에 굳건히 뿌리를 내리고 발전해 나가야 할 것입니다.

[그림 3] 서울 용산의 국립중앙박물관 개관(2005년 10월 28일)

[그림 4] 옛 조선총독부 건물로의 국립중앙박물관 이전 개관_좌

[그림 5] 옛 조선총독부 건물 철거(1995년)_우

국립중앙박물관의 이전은 사회적인 이슈가 되기도 했습니다. 1990년대 중반 당시 문민정부가 1995년 광복 50주년을 전후하여 펼친 역사 바로 세우기와 경복궁의 복원과 관련하여, 1986년부터 국립중앙박물관으로 활용해오던 옛 조선총독부 건물이 철거냐 보존이냐 논란에 휩싸이게 되었습니다. 결국 정부의 결정대로 옛 총독부건물은 철거되었습니다만, 이는 국립박물관으로서는 크나큰 시련이었습니다. 마땅히 이사 갈 공간도 없는데 철거를 결정하였기 때문이었습니다. 국립박물관의 젊은 연구직들이 박물관이 이사갈 집을 마련해 안전하게 문화재들을 이전한 뒤에 철거해 달라는 건의문을 올리기도 했습니다만, 결국 철거는 결정되었고 국립중앙박물관은 박물관 부속 건물이었던 사회교육관으로 서둘러 옮겨졌습니다.

이 사건은 우리에게 몇 가지 교훈을 남겼습니다. 먼저 한 나라의 대표적 문화기관인 국립박물관을 졸속으로 옮겨서는 절대로 아니 되며, 치밀한 준비와 멀리 내다보는 장기적 안목으로 이루어져야 한다는 것입니다. 또 하나는 우리의 역사자료를 남기려는 노력입니다. 영광의 역사든 치욕의 역사든 우리는 남기고 기억해야 한다는 것입니다. 옛 조선총독부 건물은 일제의 잔혹한 35년의 식민통치를 증거하는 일차 사료입니다. 따라서 이는 어떤 형태로든 남겨 놓았어야 한다고 생각합니다. 역사학자가 일차 사료를 없애는 우를 범해서는 아니 되기 때문이기도 합니다. 돈이 들더라도 없애 버리지 말고 천안의 독립기념관으로 옮겨 옛 조선총독부 건물을 광복회관과 독립운동사 연구소로 썼더라면 얼마나 좋았을까 하는 아쉬운 생각을 지금도 합니다. 역사는 결국 기억하는 자의 몫이라는 말도 떠올립니다. 이러한 좋지 못한 선례는 또 다른 문제를 일으키기도 합니다. 최근 서울시가 근대 문화재로 등록된 서울시청의 철거를 시도하여 일부를 부순 일이 그것입니다.

반면 타이완에서는 일제가 지은 대만총독부 건물을 없애 버리지 않고 총통부 청사로 활용하고 있습니다. 현재의 국립대만박물관도 일제가 지은 박물관 건물입니다. 타이완 사람들도 일제에 대한 나쁜 감정을 가지고 있겠지만 당시의 건물들을 남겨 그대로 쓰고 있습니다. 그 까닭이 바로 후세들의 교육을 위해서라고 말합니다. 이러한 외국의 사례는 타이완뿐만이 아니라는 것은 널리 알려져 있습니다.

1997년도 문화유산의 해 표어가 '문화유산 알고 찾고 가꾸자'였습니다. 하지만 알고 찾고 가꾸기 위해서는 먼저 남겨야 합니다. 유산이라는 말 자체도 조상들이 우리에게 남긴 자산이라는 뜻입니다. 신라 사람들이 첨성대를 세웠고 고려와 조선시대의 조상들이 이를 없애버리지 않고 잘 보존하여 우리에게 전해 주었기에 오늘날 우리가 첨성대를 바라볼 수 있는 것입니다. 만약에 거추장스럽다고 없애 버렸다면 첨성대는 책 속에나 남아 있었을 것입니다. 21세기를 사는 우리가 과연 후손들에게 무엇을 남겨줄 수 있을지 모르겠습니다. 조상들이 우리에게 잘 물려준 문화유산들을 알게 모르게 없애 버리고 있지는 않는지 모르겠습니다. 이젠 박물관도 하나의 문화유산으로 인식해야 합니다. 쉽게 짓고 부수고 옮길 일이 아니라는 것입니다. 국립중앙박물관을 여섯 차례나 옮기는 과정에서 우리는 많은 교훈을 얻었습니다. 다시는 이와 같은 잘못을 되풀이하지 않도록 하여야 합니다.

문화유산은 단순한 물건이 아닙니다. 사람이 만든 것입니다. 그 속에는 사람이 들어 있습니다. 사람의 생각의 산물입니다. 문화유산 속에 들어 있는 옛 선인들과 대화하고 깨닫는 공간이 바로 박물관입니다. 문화유산에 대한 이해는 사람에 대한 이해입니다. 당시 사람들의 희로애락을 느끼며, 반가사유상을 보며 반가의 자세로 함께 명상하는 공간입니다. 화강암으로 저리 따뜻한 표정의 불상을 만든 당시 장인들의 정신을 읽어 내는 슬기가 넘치는 공간입니다. 아름다움에 대한 단순한 찬탄을 넘어 그 속에 들어 있는 인간을 꿰뚫어 보는, 요컨대 옛사람과 소통하는 곳이 박물관입니다. 오래된 것에서 우리의 미래를 찾아내는 법고창신의 공간, 박물관은 바로 이러한 문화공간입니다. 이를 바탕으로 새로운 문화를 창조해 내어야 합니다. 박물관은 그러한 원천이고자 합니다.

문화유산을 없애는 일은 사람을 없애는 일과 같습니다. 숭례문이 소실된 것은 우리의 몸과 얼을 태워 버린 것입니다. '과거는 결코 죽지 않는다. 그것은 심지어 아직 지나간 것도 아니다.'라는 말처럼, '과거'는 늘 우리 곁에 있고 또 있어야만 합니다. 없애 버리지 말고 남겨야 합니다. 눈에 보이지 않으면 기억나지 않습니다. 후세에 온전히 전해 주어야 합니다. 옛것을 바탕으로 새로운 문화를 창조하여 21세기를 살고 있는 우리들은 천 년 뒤, 30세기의 후손들에게 우리의 '현재'를 남겨 주어야 할 것입니다.

| 감상문 |

〈박물관과 문화유산〉을 듣고

예문주(국어국문학과)

몇 주 전부터 공지되었던 국립경주박물관 이영훈 관장님의 강의를 드디어 들을 수 있었다. 박물관의 발전과 경주 박물관의 역사, 그리고 마지막에 간단하게 전시작업과 큐레이터의 역할에 대한 이야기를 해 주셨다. 고고학에 관심이 있었던 터라 이번 시간을 기회로 박물관의 역사와 우리 문화재에 관한 이야기들을 다양하게 듣는 것이 강의 내내 무척이나 흥미로웠다.

먼저 첫 슬라이드 화면에 조선 정조대의 경주읍내전도가 나왔다. 여기에는 그 당시 사람들이 인식하는 경주의 모습이 그대로 담겨 있었다. 첨성대가 제법 크게 그려졌으며, 경주에서 가장 큰 고분인 봉황대 위에는 나무 몇 그루가 그려진 것으로 보아 작은 산으로 인식했던 것 같다. 또한 당시에는 성덕대왕신종이 봉황대 옆에 위치해 있었음을 알 수 있었다. 그때까지만 해도 성덕대왕신종은 사람들의 삶 속에서 무던하게 그 자리를 지키며 때로는 그가 간직한 애달픈 비밀이 사람들의 기억에, 입에 오르내렸을 것이다.

경주는 내가 정말 사랑하는 지역이다. 신라의 천년고도이기도 하지만 옛 문화가 그대로 살아 숨 쉬고 보존되어 있기 때문이다. 그러나 충격적인 사실을 관장님께서 말씀해 주셨다. 경주에는 곳곳에 신라문화유산이 가득하며 현재는 그것들이 너무나도 어처구니없게 소실되고 있다는 것이다. 문무왕릉비가 일반 민가의 수돗가에서 발견되었다고 한다. 문무왕릉비는 1700년 후반에 탁본되어 비문 내용이 알려졌으나 그 이후로 비 자체는 행방불명되었다고 한다. 이후 200년만에 발견된 왕릉비는 죽어서도 용이 되어 신라를 지키겠다는 문무대왕의 대의에 어울리지 않게 허름한 민가의 수돗가에 있었다는 것이다. 이처럼 시내 곳곳에 유물과 유구가 산재해 있건만 이에 대한 보존은 제대로 이루어지지 않는 것이 현실이었다.

몰랐기 때문에 어쩔 수 없이 지킬 수 없었음은 아쉬움으로 남겨야 하겠으나, 더 답답한 현실은 눈에 확연하게 드러나 있는 것조차도 제대로 지키지 못한다는 것이다. 일제의 잔재를 말끔히 정리하자는 거국적인 의미에서 시작된 문화재 파손은 한 치 앞을 내다보지 못하는 정치인들의 어리석은 속단이었다. 조선총독부 건물로 사용된 옛 중앙청 건물이 광복 50주년을 맞아 철거되었으며 서울시청 또한 완전히 그 속을 뜯어 보이고 말았다. 일제의 잔재는 없애는 것만이 답이 아니다. 눈에 보이지 않으면 언젠가는 우리의 기억에서 사라질 것이며 결국 역사책 한귀퉁이에만 남아 단지 옛이야기처럼 전해지고 말 것이다. 없애기보다는 보존하거나 그것이 여의치 않으면 이전하여 복원해서라도 실물을 지켜내는 것이 우리 후손들에게 살아 있는 역사를 보여 주고 산 역사를 체험하게 할 수 있는 유일한 방법이다.

숭례문 화재가 우리의 어리석은 문화재 파괴의 한 단면을 보여 준다. 당장 드러나지 않는 문화재를 찾아내는 것보다 우리 곁에 있는 문화재를 보호하는 것이 우선임은 너무나도 당연하다. 일본의 경우 매년 1월 26일마다 문화재 화재 진압 훈련을 하고 있다고 한다. 문화청과 소방청이 함께, 뿐만 아니라 주위의 시민, 상인까지도 함께 이 훈련에 참여한다고 한다. 일본은 1949년 1월 26일 호류사의 화재를 경험하였고 이를 잊지 않고 문화재 보존에 열과 성의 다하고 있는 것이다. 있는 것조차 태워버리고 파괴하는 우리의 문화재에 대한 수준 낮은 인식이 부끄러울 따름이다.

문화는 곧 사람이며 문화유산은 곧 인간정신의 산물이다. 옛것을 지키고 보존하는 것이 개발과 발전이라는 가치에 절대 뒤지지 않는 중요한 우리의 사명임을 잊어서는 안 된다. 현재도 문화재는 발굴되고 보존되며, 한편으로는 어디선가 파괴되어 사라지고 있으니 말이다.

| 일곱 번째 강의 |

국가, 연극, 전략 상품에 대하여

–국지, 중심, 탈구

안치운(호서대 연극학과)

1. 연극의 세계화는 가능한가?

오늘의 주제는 작게는 한국연극의 해외수출–한 예로 우리나라 국립극장이 몇 년째 실행하고 있는 "국가 브랜드 공연작품의 개발 및 제작을 위한 발전방안"과 같은–에 관한 것이고, 크게는 한류와 같은 국가와 예술–구체적으로 우리나라 연극 그리고 연극의 세계화를 위한 전략 상품–에 대하여 묻는 바이다. 지난 몇 년 동안 이런 논의는 계속되었다. 수출되는 한류의 문화상품처럼, 연주도 가능한지를 묻고, 시도하는 일들이 많아졌다. 이 주제에 관한 통념은 각주 2의 사업목적이고, 이를 통한 "국가 브랜드 공연사업 제2기('09~'11)를 맞이하여 한국적 무대미학을 세계무대에 자신 있게 선보일 가무악적 요소가 종합적으로 구현되는 국가 브랜드 공연작품의 개발 및 제작을 위한 발전 방향 모색", 즉 국가 브랜드 모델과 그 생출이다. 그렇다면 연극의 수출, 그러니까 국가 브랜드화는 국지적인 한국연극이 세계화의 중심이 되는 것인가, 아니면 탈구(脫臼)적인 것이 되는 것인가?

연극을 비롯한 우리나라 예술의 수출 중심의 경향은 오늘날 한국문화, 예술을 다루는 주제들 가운데서 으뜸되는 문제라고 할 수 있다. 공부를 할 무렵, 세계는 서로 달랐다. 그때를 '과거'라고 하고 말해도 좋을 것이다. 그 후 점차 때로는 매우 성질 급하게 그 다른 세계들의 공통점이 많아져 자민족 중심주의는 파열되기 시작했고, 정체성이란 단어 앞에는 '동일한'이라는 수식어가 붙게 되었다. 그 속도는 그야말로 가열찬 것이었다. 한류-이 단어는 얼마나 국수적인가-와 같은 국가 브랜드에 앞서 개인을 브랜드화하는 것이 있었고, 지금도 계속되고 있다. 우려할 부분이 없지 않다. 그것은 나 자신의 실존적 영역이 없어지거나, 다른 것으로 변모하기 위한 끊임없는 소비화 과정을 강제하기 때문에 교육도 개개인을 전 지구적 편재 속에 놓이게 하고, 이를 위해서 영어와 같은 외국어를 모국어보다 더 많이 공부하도록 한다. 이른바 언어의 세계화 현상이다.

한류와는 별도의 이야기지만, 오늘날 우리는 모국어를 어떻게, 얼마나 공부하는가? 영어와 같은 외국어를 습득하기 위하여 얼마나 많은 노력을 하고 있는가? 우리처럼 숱한 고생을 하면서 외국어를 공부하고도 별로 활용하지 않은 경우는 드물 것이다. 나아가 우리처럼 모국어를 홀대하는 경우는 더더욱 찾을 수 없을 것이다. 예컨대 영어는 우리 마음의 식민주의가 아닌가![1] 영어를 많이 사용할 필요가 없는 경우에도 들입다 영어를 공부하고, 정부조차 제주도 같은 일부 지역을 영어 공용어 지역으로 선정한다는 시도가 있지 않은가! 내가 알기로, 영어를 일상 용어로 사용하지 않으면서도 공용어로 채택한 나라는 세계 어디에도 없다. 보라, 모국어를 배우기 전부터 영어 조기교육, 대학에서 영어로 강의하기, 영어 전용 기숙사 짓기 등, 이런 영어 우상화 시도들이 야기하는 우리의 낭비와 가치관의 혼란은 왜 말하지 않는가? 영어는 우리들에게 낯선 언어이다. 영어가 이토록 우리 삶의 문제를 야기한다면, 그 억압에 대해서 질문해야 할 것이다. 그러나 이 문제는 은폐되거나 망각되어 왔다. 영어는 우리들을 주눅들게 하고, 그 열등감은 거꾸로 속물적 우월감으로 나타나기도 한다. 혹은 그 양자가 결합된 양태로 나타나기

1 이 주제에 관해서는 윤지관 책임편집, 『영어, 내 마음의 식민주의』(당대, 2007)를 참조할 것.

도 한다. 한류라는 것도 이런 맥락에서 해석될 수 있을 것이다. 따라서 우리말, 외국어 공부라는 문제에 있어서, 영어 제국주의는 그 억압에 대한 고찰뿐만 아니라 지구화 문제, 미국 중심의 세계 자본주의 체제의 강화, 그리고 다변화된 문화 침투의 양상을 동반하는 제국주의의 새로운 국면에 대한 해석을 필요로 한다. 한류에 관한 논의 역시 다양한 접근을 필요로 한다.

우리에게 외국어 습득과 같은, 강제된 언어습득의 경우처럼, 개인의 브랜드화는 종교의 원격 복음주의처럼 개인의 세계화일 터인데, 그 목적은 애매하고, 그 현상은 창백하다. 민족 간 전쟁은 더 참혹해지고 있고, 에이매치라고 하는 국가 간의 스포츠 대결은 자민족 중심주의를 훨씬 초월하는 또 다른 전쟁이다. 철학은 이 파멸의 끝자락에서 몇 개의 알갱이들을 주워 모았다. '관계적 사유'나, '리좀적 관계'와 같은 것들이다. 한국연극, 작게는 국립극장의 국가 브랜드화 작업, 그러니까 연극의 세계화, 상품화(mondialisation, globalization)의 벡터와 스칼라는 여기에 있다.

1) 연극에 앞서 국가, 한류와 같은 국가브랜드를 말하는 것은

비약적인 세계화의 흐름 탓 혹은 덕분으로 간주된다. 사실 연극 앞에 국가 브랜드라는 말을 더하는 것은 연극을 비롯한 예술에 대한 물질성일 듯싶다. 아래 사업 목적[2]의 나열은 그 내용 그대로, 영혼에 앞서는 연극의 물질성에 관한 것이

2 사업목적에 관한 자료는 다음과 같다.
○국가대표 공연예술작품 제작 및 유통 활성화 유도. 한국의 전통문화를 소재로 한 중 · 대형 국가브랜드 작품을 개발함으로써, 민간상업예술과의 경쟁에서 고사위기에 처해 있는 기초 예술분야를 진흥할 수 있는 토대를 마련하고 국가를 대표할 수 있는 공연작품 개발.
○사물놀이, 난타 등의 성공을 이을 전통연희의 현대화 작업 및 상설공연, 해외 문화교류를 위한 국가 차원의 전략적 지원 필요.
○문화산업 시대에 우리 민족의 풍부한 설화구조를 바탕으로 한 작품을 현대인들의 문화적 욕구를 반영하는 문화상품으로 제작, 공연함으로써 다수의 상설 및 해외 순회공연을 통해 대표적 전략상품으로 육성 필요.
○한민족의 정서를 담은 설화를 현대적으로 재해석한 작품을 제작하여 한민족이 공감하고 세계인이 인정하는 작품 제작.

다. 우리는 이쯤에서 한편으로 연극(문화)의 다원성과 가치의 다원주의를 질문할 필요가 있을 것이다. 연극은 과연 팔 수 있는 상품인가? 연극과 대중문화는 어떻게 서로 다른가? 이것은 연극의 국가 브랜드화라는 이름으로 연극이 어디로 가는가에 대한 성찰이고, 이를 위하여 연극을 어떻게 변형시키고 있는가에 대한 반성이고, 또 이런 권력이 연극하는 우리들을 어떻게 변형시킬 수 있는가에 대한 사유이다. 그렇다면 이미 세계화된 연극들은 어떠한가를 살펴볼 필요가 있을 것이다. 그것들은 세계적 보편화를 내세우지만, 또한 그 결과로서 동질화를 보여주지만 실은 너무나 변별적이다.(세계화된 연극이 과연 있는가? 셰익스피어, 베케트, 체홉…, 이런 연극들은 아주 고유한 연극이다. 그래서 사라지지 않고 존재하는 연극들이다.) 나라의 경계를 넘어서, 언어의 구별을 넘어서, 민족적 정체성을 넘어서, 세계화된 연극이 있다면 그런 연극들은 항소할 수 없는, 빈 구석이 없는 너무나 창백한 연극들이다. 스타벅스 커피숍의 세계화는 동네 다방을 추방하고 배제한 결과인 것처럼, 마트의 세계화를 위해서는 재래시장을 무너뜨려야 하는 것처럼. 그리하여 동네 다방과 재래 시장이 회복 불가능하게 되는 것처럼. 한류처럼, 세계화된(혹은 세계화가 되려는) 연극은 추방과 배제의 산물일 수도 있겠다. 그 의도와 계획은 전 지구적 연극을 뜻하는 것일 터인데, 그것이 어떻게 가능하겠는가? 한국연극도 그런 대열에 속하려는 것인가?

2) 연극을 비롯한 예술을 보는 눈은

①본디 인문적 시각의 문화에서 출발해서, ②나아가 교양, 예술적인 것의 이해로 나아가고, ③이제는 세계화할 수 있는, 상품으로서의 문화로 이어져 있다.(이 세 가지 정의로의 변화를 어떻게 받아들여야 하는가가 가장 힘든 숙제이다.) 오늘날 연극을 비롯한 예술 영역바깥에서 인간이 경험할 수 있는 모든 문화적 대상을 상품으로 만들어 이익을 얻고 있는 현상은 오래되었다. 한국 연극의 세계화란 이름은 짐짓 정치에서 벗어난 세계화된 경제를 떠올리게 한다. ③의 경우, 그 배

후에는 서양에서 모든 정치적 환상이 몰락한 19세기 이후 국가 관념이 사라지고, 경제적 근대화가 주종을 이루고, 경제가 정치에서 벗어나 전 지구를 하나의 세계로 만들어 전 지구적 총체가 되고, 모든 문화적 절차와 행위들이 시장과 경제 논리로 환원되는 고통스러운 풍경이 자리 잡고 있다. 한 나라의 연극을 재건하고, 그것을 드러내 국가 브랜드화, 세계화하기 위한 주요 문제는 이에 대한 성찰이 선행되어야 할 것이다. 연극에 대한 정의도 이런 환경에서는 달리할 필요가 있을 것이다. 우리의 모든 문화적 유산과 태(胎)와 같은 육체적 살림살이 등을 달리, 새롭게 담아내는 것이 연극의 역할일 터이다. 우리나라 연극의 경우, 수출되는 한류 연극상품의 중심은 오태석이 쓰고 연출한 〈태〉라는 작품이다. 이 연극을 국가 브랜드로 설정한 것은 이런 요소들을 두루 지니고 있다는 판단 때문이었을 것이다.

아래 운영 방향은 이를 현실화하려는 것으로 보인다.[3] 연극의 상업적 문화와 세계화가 가능하다면, 한국이라는 인류학적, 지역적 문화 사이의 싸움이 필연적이다. 〈태〉가 그런 첫 번째 경우라면, 무엇보다도 이 작품이 문화적 공간으로서 의미를 획득해야 한다. 이는 지역적이되 전 지구적인 가치 사이 공간 싸움이다. 우리 삶의 역사에서 획득된 연극적 가치들의 총체와 이를 상품화하고 세계화한 문화 사이를 공유하는 문화적 공간, 그것이 분명해야 한다. 이를 위해서 언어와 같은 연극의 하부구조가 변하지 않아야 한다. 또한 상품화, 세계화를 통해서 우리가 보여 주는 것만 아니라 우리가 타자를 만나 변화되거나 변화하는 모습들, 그 여정을 잊지 않아야 한다.

3 운영 기본방향에 관한 자료는 다음과 같다.
○한 나라를 상징하는 예술작품은 국가의 위상을 높이고 이미지를 제고하는 데 큰 역할을 한다. 국가를 대표하는 국립 예술단체인 국립극장의 4개 전속단체, 국립극단, 국립창극단, 국립무용단, 국립국악관현악단의 우수 예술인을 활용하여 세계무대에 자신있게 내놓을 수 있는 한국적 미학과 공연양식을 선보임과 동시에 세계인이 공감할 수 있는 우수 공연 레퍼토리를 제작하여 적극적인 해외공연을 추진함으로써 국가의 위상을 제고하고 국가간 활발한 문화교류의 토대를 마련함.

2. 연극(문화)이 지니는 가치와 존엄성

모든 가치가 동등한 것은 아니다. 한국 연극을 세계화하는 방안, 그 구체적 사례로서 〈태〉를 좀 더 자세하게 언급하자.(《태》에 관한 내용은 각주 4를 참조하기 바란다.) 〈태〉는 말들(words)과 세계들(worlds)의 전쟁 사이에 있다. 오태석이 쓴 〈태〉가 지닌 말들과 국가 브랜드화된 공연으로서 국립극단의 〈태〉가 지닌 세계들은 서로 일치하는 부분도 있고, 불일치하는 부분도 있다. 그동안 국가 브랜드화 작업은 한국연극의 세계화를 위하여 한편으로는 보편적 특성들을 내세우는 쪽으로 향했고, 다른 한쪽으로는 한국연극의 세계화를 위해서 그 보편적인 특성들을 소멸하는 쪽으로 기울기도 했다.

일반적으로 세계화는 가치의 동화라는 것을 전제로 모든 독특한 것을 일소해 버린다. 지난 국가 브랜드 1기의 사업 기간 동안, 〈태〉는 가치의 혼란 속에 있었다고 말할 수 있을 것이다. 〈태〉가 널리 이해될 수 있다는 생명과 같은 문화적 신념을 확대하고 내세우기 위하여 〈태〉가 지닌 죽음과 같은 존재론적 불일치는 가능하면 부정하고 지워야 했다. 공연이 확대되면서 가무악이 증가한 것은 그 반증일 터이다. 두려운 표현이지만, 경제의 세계화가 곧잘 자국의 고유한 언어를 축소하거나 포기하도록 하는 결과를 가져오는 것도 같은 맥락이다.(인간이라는 종(種)에게 가장 고유한 기능은 언어 능력이지 않겠는가! 연극은 그 나라 언어의 음성학적 체계, 형태소-구문론적 체계, 어휘론적이고 의미론적 체계의 총합이 아니겠는가! 만약 다른 나라를 겨냥하는 세계화를 위하여 한국연극에서 모국어를 줄인다면, 그것은 경계해야 할, '세계적 지역화(glocalisation)'라는 문제가 되지 않겠는가? 미학적 언어체계가 다른 춤과 음악도 예외일 수는 없을 것이다.)

오늘날 전 지구적 세계화, 작게는 연극의 세계화는 높은 곳으로의 고양인가,

낮은 곳으로의 환원인가? 상승적 고양인가, 영도(零度)적 환원인가? 각주[4]의 내용 가운데, '(한 나라의) 역사에 대한 시시비비를 논하는 것'과 '꺼질 듯 이어지는 생명력에 대한 경외, 생명의 강인함과 소중함'은 서로 대비된다. 이렇게 연극의 세계화된 시장에서 공연의 가치는 뒤섞인다. 이 섞임과 혼란이야말로 이 사업의 가치에 이르는 과정이다. 〈태〉를 누구나, 어디서나 볼 수 있고, 느낄 수 있는 동질화에 겹쳐지는 〈태〉만의 파편화, 이 두 가지가 뒤섞이는 것이다. 그러므로 아래 각주 4에 들어 있는 내용처럼, '역사에 대한 시시비비를 논하는 것이 아니라'가 아니라 논해야 하는 것이며, '생명의 강인함과 소중함을 느끼게 해 준다'는 강제는 사업 목적의 순위에서 내려앉아도 좋을 것이다.

3. 세계화를 위한 한류와 같은 국가 브랜드화에도 끝이 있다면,

이라고 가정하자. 연극의 보편적인 것들이 사라지는 경우를 떠올려 보자. 앞날에 대한 입장은 아래 각주[5]에 들어 있다. 국립극장의 이 사업이 우러러보는 기

4 이에 관한 자료는 다음과 같다.
국립극단 – 〈태(胎)〉(오태석 작/연출) 국립극장 국가브랜드 1기('06~'08) 사업 공연작품
– 3개년('06~'08) 계획에 의거, 국립중앙극장의 전속단체별로 각 1개씩의 국가브랜드 공연작품을 제작(국립극단 '태', 국립창극단 '청', 국립무용단 '춤 · 춘향', 국립국악관현악단 '네 줄기 강물이 바다로 흐르네')
– 생명에 대한 경외: 2006년 11월 국립극장 달오름 극장에서 막을 올린 국립극단 〈태〉는 국립극단 60여 년의 역사를 대표하는 레퍼토리로 선정된 작품이다. 조선시대 세조가 단종을 폐위하고 스스로 왕위에 오르는 어지러운 정세 속에서 사육신(死六臣)의 한 사람인 박팽년의 며느리가 삼족지멸(三族之滅)의 화를 면하고자 갓 태어난 아들을 종의 아들과 바꿔치기하여 살려내는 것이 주요 내용이다. 이 작품은 역사에 대한 시시비비를 논하는 것이 아닌 꺼질 듯 이어지는 생명력에 대한 경외를 그리고 있다. 극의 결말 부분에서 박팽년의 자손이 세조의 손에 의해 '일산'이라 이름 붙는 장면은 생명의 강인함과 소중함을 느끼게 해 준다.

5 이에 관한 자료는 다음과 같다. "'06년~'08년 14.6억 원이라는 예산으로 4개 부문의 전통 예술장르에서 국가 브랜드 공연작품이 양산되고 이의 해외진출의 성과와 현지 해외무대에서의 괄목할 만한 호평의 성과를 이루어 내어 향후 지속적인 해외진출의 계획과 가능성을 열어 놓은바 이를 토대로 '09년~'11년의 2기 사업을 보다 전략적이고 치밀한 검증과 계획을 바탕으로 한국적 얼과 혼이 숨쉬는 완성도 높은 가무악적 종합극을 제작하여 세계무대를 공략하는 국가 브랜드 작품을 개발함으로써, 민간상업예술과의 경쟁에서 고사위기에 처해 있

존 몇몇 나라들의 브랜드화된 공연의 모델들이 사라지거나, 아니 세계화 시장에 예상하지 못한 다른 나라들이 준비한 국가 중심적 공연사업들이 많아지는 현상들을 짐작해 보자. 그때 이 사업은 즐비한 연극의 세계화가 하나만의 연극 문화를 만들 수 있다는 점을 경계해야 한다. 하나만의 문화는 곧 비문화일 터이다.

그동안 이 국가 브랜드 사업으로 〈태〉는 자신의 볼륨을 증식했다. 작은 공연이 큰 공연이 될 만큼 부풀어올랐다. 인물들이 늘어났고, 무대 의상도 화려해졌고, 무대가 상대적으로 커졌다. 그것은 한편으로 〈태〉가 지닌 삶과 죽음과 같은 육체적 살림살이의 유산에 대하여 우리 자신이 아니라 우리 자신을 보는 이들의 시선에 근거했기 때문일 것이다. 국가적 브랜드로서 〈태〉를 볼 다른 이들은 우리들보다 경제적, 문화적 헤게모니를 쥐고 있는 쪽일 확률이 높다. 다른 한편으로 그들의 힘에 〈태〉의 내면을 조정할 수밖에 없는 경우였다면 이는 다시 고려할 문제가 될 터이다. 〈태〉라는 작품에 유전자가 있다면 이것이 변모했을 수도 있다는 가정을 해 보자. 수많은 역사와 생명 앞에서, 수많은 타자들 앞에서 〈태〉가 역사와 생명의 법칙들을 바꾸도록 강제할 수는 없는 노릇 아닌가. 국가 브랜드를 위한 작업, 그것은 〈태〉가 많은 사람들에게 하나의 문화로서 자리 잡는 것, 그러니까 나와 같은 문화가 아니라 연극을 통하여 이웃나라의, 다른 문화를 발견하는 것이 되어야 할 것이다. 나와 다른 타자 사이에 존재하는 공간, 이름하여 문화적 공간의 생출이라고 해도 좋을 듯 싶다. 나의 〈태〉는 너에게 하나의 장애물일 수도 있고, 나와 너를 잇는 하나의 통로일 수도 있겠다. 국가 브랜드화 작업은 모든 것의 총화, 모두가 하나를 이룬다는 입장을 포기하는 것이 필수적이다. 내가 기대하는 것은 국가 브랜드라는 문화적 계약을 통하여 개별적이며, 특별하며, 독자적인 권리의 확보이다. 그러므로 한류와 같은 일방적 흐름을 지닌 단어들은 쓰지 않는 것이 당연하고 옳은 일이다.

는 기초예술분야를 진흥할 수 있는 토대를 마련하고 국가를 대표할 수 있는 공연작품을 개발하고자 함-전통연희예술의 창조적 계승 및 현대화를 통하여 국민들의 문화향수 기회 증대는 물론 한국을 방문하는 관광객 대상의 상설공연과, 세계 무대를 겨냥한 전략적 국가 브랜드 문화상품 창출."

4. 다시 우리말로 쓴 희곡을 읽었다.

공연에 비해서 희곡은 얼마나 멀리 놓여 있는가? 〈태〉를 잊지 못하는 이유는, (종의 아들의) 죽음으로 폭력에 대응하는 상징적 의미에 있다고 여겨진다. 종의 아들의 억울한 죽음은 역사 속에서 재생산될 것처럼 보이는데, 눈먼 권력에 대한 실제적 테러와 같다. 하찮은 것으로 보이는 종(從)의 아들의 억울한 죽음이 있고, 자신의 죽음을 타인의 죽음으로 대체할 수 있는, 죽음마저 바꿈질하는 비겁하고, 오만한 주(主)의 권력이 함께한다. 스스로의 죽음이 포악한 정치권력을 가로질러 간다. 이때 종의 아들의 죽음은 그 어떤 권력보다 절대적 우위에 놓이게 된다. 죽음보다 더 큰 무기는 없다. 종의 죽음으로 주의 권력이 부활하고 영속화되는 〈태〉가 보여 주는 살림살이가 섬뜩하다. 이 부분이 〈태〉가 다른 나라의 문화와 공유할 수 있는 최고의 미덕인 셈이요, 보여 주는 시각적 볼거리가 아니라 사유할 수 있는 인류의 보편적 주제이기 때문이다. 그러므로 이 작품이 한류의 앞자리에 있다면 이런 점을 크게 드러나게 할 것이다.

〈태〉의 세계화, 국가 브랜드화를 통하여 이러한 연극의 탈구적 가치를 기대한다. 이처럼 우리는 더 적게 우리 자신을 드러내고, 더 많이, 더 크게 그리고 더 깊게 우리 자신과 바깥을 바라보고, 들여다보고, 사유하는 것이 훨씬 중요하고, 시급할 뿐이다. 예술, 문화는 결코 다른 나라, 사람들을 들뜨게 하는 데 있지도 않고, 뒤흔드는 데 있지도 않고, 그럴 수도 없는 노릇이다. 한두 사람이 수퍼스타처럼 태어나 요동칠 수 있는 것도 아닐 것이다. 요즘 우리가 사는 이 세상, 너무나 허접하고, 남루하고, 주접스러울 뿐이다.

| 감상문 |

우리나라의 대중문화

채현준(전자전기컴퓨터학부)

우리나라의 예술작품이 수출되는 것이 과연 좋은 일인가? 대중문화 작품의 수출이 우리에게 주는 영향은 좋은 것인가 나쁜 것인가. 이것이 원래의 주제였으나 이번 강연을 맡으신 안치운 교수님께서는 청중(학생)들이 대중문화를 전공한 학생들이 아니기 때문에 강의를 쉽게 풀어가자고 제안하셨다. 이런 저런 이야기들을 많이 해 주셨는데 지금부터 교수님이 해주신 이야기들을 두서없이 적어 나가겠다.(교수님 이야기에도 순서는 없었으니…)

학생들의 외국에 대한 생각이나 동경은 막연히 대중문화, 즉 음악이나 영화, 뮤지컬 등을 통해 외국의 문화를 접하는 것이 현실이다. 그런 콘텐츠를 통해 영어를 연습한다거나 하는 일이 많이 있을까? 현재의 학생들은 취업의 도구로서 영어공부를 하고 있다. 그렇기 때문에 쉽게 실력이 늘지 않는 것이고 또한 공부를 많이 했지만 그만큼의 효율은 얻지 못하는 것이다. 교수님께서는 문화적 탈출을 위해 외국어를 공부했고, 그로 인해 문화적 차이를 경험하셨다고 했다. 그러면서 요즘 학생들이 외국어를 공부하는 방법은 절대로 행복할 수 없는 방법이라 하셨다. 언어는 문화를 이해하는 도구가 되어야 좋은 것이지 그 자체가 목적이 될 수 없음을 의미하는 것 같다.

강의에는 많은 종류가 있지만 가장 나쁜 방법이 화상강의, 인터넷 강의, 동영상 강의가 아닌가 싶다. 이런 미디어를 통한 강의는 학생과 교수의 Communication 없이 정보만 남게 된다. 교수의 아우라, 목소리 톤, 말투 등에 따라 같은 정보도 다르게 전달될 수 있는 것이다.

연애, 예술, 문화 등 모든 것은 평등해야 한다(=소통). 하지만 현재의 문화정책은 절대 평등하지 않다. 일방적으로 아시아 국가에 팔리고 있으며, 이러한 유통은 문화적 평등 없이 그들에게 강요하고 있는 것이다.

연극이 없는 나라는 없다. 그 나라의 언어를 가장 아름답게 구사하는 예술이 연극이기 때문이다. 외국어는 그 나라의 문화를 이해하기 위해 공부해야 하는 것이다. 이 대목에서 교수님이 해 주신 이야기가 생각난다.

"대한민국 국민으로서 죽기 전까지는 내 나라의 말을 좀 더 아름답게 쓰고 말하고 싶다."

이것이 언어를 받아들이는 가장 참된 자세가 아닌가 싶다.

뮤지컬은 자본, 속도, Mix 등이 오늘날의 사회 풍토와 같기 때문에 많은 인기를 얻고 있다. Spectacle한 예술이지만 함께 생각할 만한 여유를 주지 않고 쉴틈없이 전개되어 나간다. 속도가 빨라지는 사회가 열리면서 한번쯤 생각하는 시간이 많이 없어진 것이 아쉽다. 연극의 매력은 직접 자신의 몸에 주인공을 기억하고 저장하는 데 있다. 자신의 몸이 기억하면 그만큼 오래 기억될 수 있는 것이다. 개별성이 있으므로 각자의 생각에 맡게 특별한 방법으로 기억될 수 있고, 이는 절대 Copy될 수 없다.

다시 문화의 수출로 돌아와서 여태껏 미국, 일본, 유럽 등의 나라에서 받은 열등감을 동남아시아 등 우리보다 못 사는 나라에 수출함으로써 우리나라가 당해 왔던 것들을 열등한 나라에 풀고 있지는 않은가? 이런 점들은 절대 평등한 소통이 될 수 없다.

The winner takes it all. 문화적인 독재! 이는 비문화일 수도 있다. 독재적인 문화는 문화가 아니라는 뜻이다.

우리말은 매우 소중하다. 아름다운 시 또는 영화나 연극에서 봤던 아름다운 대사는 외워서 써먹어라.

이번 강연을 들으면서 이전 강의와는 다르게 많은 것을 생각할 수 있는 시간이 되었던 것 같다. 지난 여러 강의들처럼 조금은 지루할 것이라 생각했던 주제였지만 전혀 반대의 결과가 강의 내내 뿜어져 나오고 있었다. 교수님의 첫인상부터가 핫이슈였다. 교수님이 강의실에 들어서자마자 학생들은 "이외수 같은 교수님 들어오셨어!!"라며 심상치 않은 강의임을 미리 짐작했다. 우리말의 소중함, 연극과 뮤지컬의 차이점, 대중문화의 재발견 등의 재미있는 주제로 강의는 계속되었다. 교수님의 아우라에 어느새 모든 학생들의 눈과 귀는 교수님의 향해 있었다. 졸고 있는 학생은 찾아 볼 수 없었다. 학생들의 눈빛 속에 들어있는 열정을 안치운 교수님도 느끼셨으리라 믿는다.

| 여덟 번째 강의 |

외국문학과 한국문학

정지창(영남대 독어독문학과)

1. 한국문학

한국인이 한글로 쓴 문학적 소산. 남북한 문학을 모두 포괄한다. 아울러 한문으로 씌어진 문학(가령 茶山 정약용과 燕巖 박지원의 글)과 구비 전승된 문학적 자산, 해외 동포들의 문학도 한국문학에 포함하는 것이 당연하다.

2. 외국문학

구미(歐美)문학과 동의어로 쓰이나 실은 중국, 일본 등 아시아 문학과 러시아, 동구, 중동, 아프리카, 라틴 아메리카의 문학을 모두 포함한 문학을 말한다.

3. 세계문학

괴테(1749~1832)가 1827년에 처음 사용한 용어. 문학의 보편성을 강조하면서 독일이라는 울타리에 갇히지 말고 유럽의 다른 나라들의 문학과 교류해야 한다고 강조했다. "이제 민족문학(Nationalliteratur)은 별로 의미가 없는 용어이다. 세계문학(Weltliteratur)의 시대가 임박했고, 모두가 이를 앞당기도록 힘써야 한다. 그러나 우리는 외국의 것을 소중히 하면서도, 절대 특정한 것에 얽매여 그것을 모델로 생각해서는 안 된다."

4. 국제주의 문학운동(사회주의적 리얼리즘 문학, 프롤레타리아 국제주의 문학)

"자국의 산물로 충족되던 낡은 욕구 대신 머나먼 나라와 풍토의 생산품이라야 충족되는 새로운 욕구가 대두한다. 지난날의 지역적·일국적 자급자족과 폐쇄성 대신 모든 방면으로의 상호교류, 민족들의 전면적 의존이 발생한다. 물질적 생산에서 그러하듯이 정신적 생산에서도 마찬가지다. 개별 민족들의 정신활동의 성과는 공동의 재산이 된다. 일국적 편향성과 편협성은 점점 더 불가능해지며, 수많은 국민문학·지역문학들로부터 하나의 세계문학이 형성된다."(칼 마르크스와 프리드리히 엥겔스, 「공산당 선언」, 1847)

여기서 세계문학은 부르주아지에 의한 세계화의 필연적인 결과의 하나로 언급된다. 그 후 사회주의 혁명 과정에서 소련을 비롯한 공산권에서 무조건 당의 지시에 복종하는 사회주의 리얼리즘 문학이 주창되었다. 그러나 이는 문학과 예술에 대한 검열과 억압으로 나타났으며, 이념적으로는 이른바 프롤레타리아 국제주의를 표방하면서도 현실에서는 민족주의라는 하부구조가 프롤레타리아 국제주의라는 상부구조에 대해 항상 승리를 거두는 양상으로 전개되었다.(북한의 주체문학 등)

공산권의 해체 이후에는 이른바 '시장 리얼리즘 문학'이나 포스트모더니즘 문학, 해체주의 문학 등으로 불리는 상업주의 문학이 세계의 문학시장을 장악하고 있다.

5. 외국문학의 수용과 사대주의

이른바 '어륀지' 파동에서 보듯이 서양문물이 우수하니 무조건 배워 익혀야 선진화와 세계화가 된다는 사대주의는 전통시대의 중국에 대한 사대주의와 크게 다를 바 없다. 실학파나 실용주의나 이 점에서는 일면의 공통점을 지니고 있는데, 그래도 조선시대의 사대주의는 다산의 시에서 보듯이 지금보다는 주체적이었다. 다산의 시 「노인의 즐거움」은 한시지만 그 정신은 '조선시의 독립선언'이라 할 만하다.

서양문화의 우수성에 대한 고정관념은 서구 제국주의 시대에 형성된 이데올로기로서 19세기 영국의 문필가들에 의해 표현되었다. "서구문화는 인류의 역사상 가장 뛰어난 문화이며 세계 각국에 전파할 가치가 있다(매슈 아놀드)." "서구문화의 전파는 백인의 짐이다(키플링)." "셰익스피어는 인도와도 바꿀 수 없다(칼라일)." 등 '문명화의 사명'을 서구인들이 지니고 있다는 자의식은 식민지 교육과 문화적 사대주의에 의해 나머지 지역 사람들에게도 내면화되었다.

이러한 정신적 식민화는 한국의 경우 이인직 같은 매판 지식인, 이광수, 최남선 같은 친일문인, 서정주 같은 종천순일파(從天順日派) 시인을 양산했다. 이인직이 근대문학의 개척자이면서 이완용의 비서로 매국의 실무자였던 사실은 고은의 시 「혈의 루」에서 반어적 자의식으로 표현된다. 서정주는 한국적 정서를 가장 맛깔스런 한국어로 표현한 「동천」 같은 작품을 썼으나 일제시대에는 일본을 따르는 것이 하늘의 뜻이라는 의식에 사로잡혀 「松井五長 頌歌」 같은 친일시를 발표하기도 하였다.

6. 비판적인 외국문학 수용

서구와 미국의 문학에 치중된 세계문학전집을 고전으로 권장하는 것이 과연 타당한가? 진정한 고전이란 무엇인가? 사서삼경과 서구 중심의 세계사상전집이 과연 영원불멸의 고전인가?

한국문학의 이해와 연구를 위해 영어보다는 한문 공부가 반드시 필요한 것은 아닌가? 외국문학의 번역 못지않게 한문고전의 국역도 중요한 것은 아닌가?

서구문학 가운데서도 우리에게 번역 소개된 것은 편향적인 일부 작품에 불과하고 정말 중요한 작품과 작가는 번역되지 않은 경우가 많다. 독문학을 예로 들면, 가령 하이네나 브레히트 같은 작가는 1980년대까지 거의 소개되지 않았었다. 하이네의 「유언장」과 천상병의 「歸天」을 비교하면 두 시인의 세계관과 기질, 정서의 차이를 느낄 수 있다. 브레히트의 시 「소동파에게」에서도 한국의 시에서는 찾아보기 힘든 촌철살인의 현실비판과 언어구사력을 맛볼 수 있다.

비서구 작가와 작품에 대한 번역 소개가 절대적으로 부족하고 특히 중남미와 중동, 아프리카 문학에 대한 소개가 필요하다. 서구의 비주류·대중문화 가운데서도 「이매진(Imagine)」 같은 노래는 탁월한 시적 언어를 바탕으로 깔고 있다. 대중문화나 민중문화의 산물도 선별적으로 수용할 필요가 있다. 아프리카 흑인들의 자존심을 회복시킨 생고르의 시편이나 남미 인디오 원주민의 아픔을 노래한 네루다의 시편들은 이미 노벨문학상 수상으로 세계문학에 편입된 지 오래다.

7. 농민문학의 소멸

1) 농경문화에서 산업문화로

20세기의 마지막 30년 동안에, 신석기 시대 이후 수천년간 지속돼 온 농경문화가 산업문화로 바뀌면서 문화지형의 급속한 변화가 이루어졌다. 이에 따라 일종의 문화적 충격과 현기증, 문화적 부적응증후군이 나타난다. 산업화로 인한 도시화와 농촌의 해체는 단순히 고향의 상실에 그치지 않고, 우리의 몸 속에 내장되어 유전돼 온 농경문화의 DNA와 우리의 도시·산업적 환경 사이의 괴리와 갈

등을 일으킨다. 가령 영어의 범람과 서구 대중문화의 홍수 속에서 학연·지연에 대한 과도한 집착으로 지역감정이 갈수록 강화되고, 공공성을 바탕으로 하는 서구식 자유민주주의를 당연한 원리로 받아들이면서도 정치권력과 기업, 언론, 학원의 세습을 당연시하는 것은 아직도 우리의 체질 속에 농경문화의 유전인자가 우성으로 작용하고 있다는 증거일 것이다.

2) 농촌의 붕괴와 고향의 상실

문학적 토포스(무대)와 문학적 상상력의 변화로 문학의 왜소화, 문학적 자폐증이 나타난다. 가령 벽초 홍명희의『임꺽정』, 박경리의『토지』, 조정래의『태백산맥』, 이문구의『관촌수필』, 권정생의『한티재 하늘』같은 소설의 문학적 무대인 농촌과 농경적 정서와 상상력, 농민의 언어는 다시 복원되기 힘들 것이다. 결국 농민의 해체와 더불어 농민문학도 한국문학의 지평에서 사라져 버릴 수밖에 없을 것이다. 이문구, 박경리, 권정생은 가고 송기숙만 남았다. 이제 문인과 언론인, 방송국의 PD는 모두 도시 출신이고, 이들이 쓰는 용어나 이들의 정서, 상상력은 모두 도시적이다(가령 귀농을 다룬 기사에서 '노루귀'를 '노루기'로 표기). 심지어는 텔레비전에서 농촌을 무대로 한 드라마가 사라지고, 사극에도 농민은 나오지 않고 상인만 나온다.

3) 고향상실증(Heimatlosigkeit)

그러나 정작 그보다 심각한 부작용 내지 후유증은 심성이 메마르고 황폐해지는 사막화 현상, 즉 고향상실증이다. 실존주의 철학자 하이데거가 이름 붙인 고향상실증(Heimatlosigkeit)이란 단순한 실향(失鄕)과 이산(離散), 즉 디아스포라만을 뜻하는 것이 아니라 우리가 존재의 근원인 고향과 존재의 집인 언어로부터 소외되었다는 것을 의미한다. 인간이 본연의 자리인 고향으로 돌아가려는 근원적 향수가 바로 철학이라고 독일의 시인 노발리스가 말했거니와 철학뿐만 아니라 언어를 존재의 집으로 삼고 있는 문학도 존재의 근원을 향한 간절한 향수의 표현에 다름아니다.

트로이 전쟁에 참가한 오디세우스가 고향 이타카로 돌아가기 위해 겪어야 했던 파란만장한 여정이 서구문학의 근원 가운데 하나인 호머의 「오디세이」인 것은 의미심장하다. 유태인들이 고향을 잃고 유랑하다가 귀환하는 여정이 구약성서의 핵심 내용인 것은 결국 종교의 기본정서도 탈향(脫鄕)과 귀향(歸鄕)의 모티브에 뿌리를 내리고 있음을 보여 준다.

지금 우리는 돌이킬 수 없을 정도로 도시화되고 산업화된 세상에서 심성의 사막화라는 필연적 행로를 맹목적으로 질주하고 있다. 이것은 경제 살리기나 강 살리기 같은 구호나 돈벌이 사업에 의해 해결될 수 있는 문제가 아니다. 거대 규모의 문화회관이나 미술관을 지으면 문화의 내용이 저절로 채워지고 풍요해지는 것이 아닌 것처럼, 공원 녹지를 꾸미고 인공 폭포 같은 조경시설을 만든다고 황폐해진 심성이 저절로 순화되는 것도 아니다.

너무도 유명한 이상화의 「빼앗긴 들에도 봄은 오는가」를 읽어 보자. 이 작품의 무대는 대구 수성못 근처의 들판이다. 정말 살려야 하는 것은 바로 우리의 고향인 농촌이고, 모든 산업의 근원인 농업이다. 그런 다음 "살진 젖가슴과 같은 부드러운 흙을 / 발목이 시리도록 밟아도 보고, / 좋은 땀조차 흘"려야 비로소 메마른 논바닥 같은 우리의 심성을 적셔 줄 생명의 문화가 회생하지 않겠는가.

돌아갈 고향이 없는 시대는 얼마나 가난한가. 궁핍한 시대에 인류의 근원적인 고향을 향한 향수는 더욱 애틋하게 되살아난다. 경북 영천에서 농사를 짓고 있는 이중기 시인의 「고래실 형수」에는 농촌의 현실이 푸근한 농경적 정서와 어우러져 손에 잡힐 듯 그려지고 있다. 이 시에서는 또한 세계화의 물결에 떠밀려가는 농민들의 안타까운 절규가 배경음으로 들려온다.

노인의 즐거움

다산(茶山) 정약용(丁若鏞)(1762~1836) / 송재소 번역

늙은 사람 한 가지 즐거운 일은
붓 가는 대로 마음껏 써 버리는 일

어려운 운자(韻字)에 신경 안 쓰고
고치고 다듬느라 늦지도 않네

흥이 나면 당장에 뜻을 실리고
뜻이 되면 당장에 글로 옮긴다

나는 본래 조선 사람
조선시(朝鮮詩) 즐겨 쓰리

그대들은 그대들 법 따르면 되지
이러쿵 저러쿵 말 많은 자 누구인가

까다롭고 번거로운 격(格)과 율(律)을
먼 곳의 우리가 어떻게 알 수 있나

……

배와 귤은 각각 그 맛이 다른 것
입맛 따라 저 좋은 것 고르는 건데

(시집 『다산시선』)

혈의 루

고은(1933~)

막동아……이후에는 자손 보전하고 싶은 생각 있거든
나라를 위하여라

이렇게 신소설 『혈의 루』의 최씨 노인 말하거니와
일찍이 이인직은 국비로 일본 가서 일본말 배워다가
일본군 통역으로 러일전쟁 종군한다
그 뒤 그는 신문사 주필 되고 사장 되더니
마침내 이완용의 비서겸 통역이 되어 단돈 3천만 원으로
3천 리 땅과 2천만 사람을 팔아넘기는 실무자가 된다
이완용의 적수 송병준은 1억 원 내야 한다고 했는데
합방 공로 차지하려고
그 1억 원을 3천만 원으로 파장떨이 해버렸다
그 뒤 비서 이인직은 작위 하나 못 받고
겨우 매일신보 객원 노릇 하다가
『혈의 루』 남기고 죽어서
아오개 화장터에서 일본식으로 불태워진다
그때서야 총독부에서
장례비로 4백 50원 나온 것이
합방 실무 은사금이렷다
이가 곧 조선 신소설 선구자이렷다
그 뒤로 최남선 이광수가 우뚝 솟은 선구자이렷다
아 이 땅의 글쟁이여 경배할진저

(시집 『만인보萬人譜』 I)

동천(冬天)

서정주(1915~2000)

내 마음 속 우리 님의 고운 눈썹을
즈믄 밤의 꿈으로 맑게 씻어서
하늘에다 옮기어 심어 놨더니
동지 섣달 나르는 매서운 새가
그걸 알고 시늉하며 비끼어 가네

(『경향신문』, 1947년)

松井伍長 頌歌

서정주

아아 레이테만은 어데런가
언덕도
산도
뵈이지 않는
구름만이 둥둥둥 떠서 다니는
몇천 길의 바다런가
아아 레이테만은
여기서 몇만 리련가…

귀 기울이면 들려오는

아득한 파도소리…
우리의 젊은 아우와 아들들이
그 속에 잠자는 아득한 파도소리…
얼굴에 붉은 홍조를 띠우고
『갔다가 오겠습니다』
웃으며 가드니
새와 같은 비행기가 날아서 가드니
아우야 너는 다시 돌아오진 않는다

마쓰이 히데오!
그대는 우리의 오장(伍長) 우리의 자랑.
그대는 조선 경기도 개성사람
인씨(印氏)의 둘째아들 스물 한 살 먹은 사내

마쓰이 히데오!
그대는 우리의 가미가제 특별공격대원
귀국대원

귀국대원의 푸른 영혼은
살아서 벌써 우리게로 왔느니
우리 숨쉬는 이 나라의 하늘 위에
조용히 조용히 돌아왔느니

우리의 동포들이 밤과 낮으로
정성껏 만들어 보낸 비행기 한 채에
그대, 몸을 실어 날았다간 내리는 곳

소리 있이 벌이는 고흔 꽃처럼
오히려 기쁜 몸짓 하며 내리는 곳
쪼각쪼각 부서지는 산더미 같은 미국 군함!

수백 척의 비행기와
대포와 폭발탄과
머리털이 샛노란 벌레 같은 병정을 싣고
우리의 땅과 목숨을 뺏으러 온
원수 영미의 항공모함을
그대
몸뚱이로 내려져서 깨었는가?
깨뜨리며 깨뜨리며 자네도 깨졌는가-

장하도다
우리의 육군항공 오장(伍長) 마쓰이 히데오여
너로 하여 향기로운 삼천리의 산천이여
한결 더 짙푸르른 우리의 하늘이여

아아 레이테만은 어데런가
몇천 길의 바다런가

귀 기울이면
여기서도, 역력히 들려오는
아득한 파도소리…
레이테만의 파도소리…

(『매일신보』, 1944년 12월 9일)

유언장

하인리히 하이네(1797~1856) / 김남주 번역

이제 나의 삶도 종막에 가까워졌으니
유언장이라도 써 둬야겠다
이래 봬도 나는 기독교인이니
나의 원수에게도 유언해 두자

이 존경해 마지않는 도덕군자들인
원수들은 받게 될 것이다 유품으로
나의 모든 질병과 부패와 타락을
육체적인 나의 결함을

나는 그들에게 유증하리라
집게로 옆구리를 꼬집는 산통(疝痛)을
이뇨질환과 심뽀 고약한 프러시아 산의 치질을

그들은 또한 갖게 될 것이다 발작적인 나의 경련을
질질 흘리는 침과 관절의 마비와
피골이 상접한 나의 등뼈를
순수하고 아름다운 신의 유산으로서

유언장에 첨가해 두겠다
신은 부디 이 유언을
삼켜 주시오
잊어버리지 않도록.

(시집 『아침저녁으로 읽기 위하여』)

歸天

천상병(1930~1993)

나 하늘로 돌아가리라
새벽빛 와 닿으면 스러지는
이슬 더불어 손에 손을 잡고,

나 하늘로 돌아가리라
노을빛 함께 단 둘이서
기슭에서 놀다가 구름 손짓하며는,

나 하늘로 돌아가리라
아름다운 이 세상 소풍 끝내는 날
가서, 아름다웠다고 말하리라…

(시집『새』/『창작과비평』1970년 6월)

소동파에게

베르톨트 브레히트(1898~1956) / 김남주 번역

자식들이 태어나면 부모들은
그들이 지적이기를 바란다
나는 지성 때문에
생애를 망쳐 버렸다

이제 나는 오직 바랄 뿐이다 자식이
무식하고 사고하기를 싫어하며
자라주기를
그렇게 하면 자식은 편안하게 살게 될 것이다
내각의 각료로서

(시집『아침저녁으로 읽기 위하여』)

Imagine

John Lennon(1940~1980)

Imagine there's no heaven,
It's easy if you try,
No hell below us,
Above us only sky,
Imagine all the people
living for today…

Imagine there's no countries,
It isn't hard to do,
Nothing to kill or die for,
No religion too,
Imagine all the people
living life in peace…

You may say I'm a dreamer,
but I'm not the only one,
I hope someday you'll join us,
And the world will live as one

Imagine no possessions,
I wonder if you can,
No need for greed or hunger,
A brotherhood of man,
Imagine all the people
sharing all the world…

(1971)

파리에 내리는 눈

생고르(1906~2001) / 이종욱 번역

주님, 소금보다 더 불사르는 당신의 하얀 추위를 나는 받아들입니다.
이제 내 가슴은 태양 아래 눈처럼 녹아듭니다.
나는 잊습니다
총알을 쏘아대는 하얀 손들, 왕국을 무너뜨린 하얀 손들
노예를 매질한 손들, 당신을 매질한 손들
당신의 뺨을 후려친 먼지 낀 하얀 손들, 내 뺨을 후려친 하얗게 분칠한 손들

나를 고독과 증오에 내맡긴 자신에 넘친 손들…
이 손들은 횡단철도를 위해 검은 숲을 유린했고
'문명'을 구하기 위해 아프리카의 숲을 유린했습니다—인간 원자재가 필요했으므로
……

(시집『현대아프리카시선』)

잉카의 최후

빠블로 네루다(1904~1978) / 김남주 번역

단말마는 까하마에서 시작되었다
푸른 꽃술이며 빼어난 나무와도 같은 젊은 황제 아따우르빠는
바람결에 들었다 술렁거리는 쇠붙이 소리를
정체불명의 섬광이
바다 쪽에서 흔들리고 있었다
그것은 초원 속에서 지축을 뒤흔들고 있는
강력한 기마대였다
대장들이 도착했다
잉카는 귀족들에게 둘러싸여
풍악이 연주되는 속을 걸어 나왔다
다른 별에서 왔다는 땀냄새도 고약한
수염을 기른 내방객들이
알현을 하고자 한다는 것이었다

썩은 승냥이와도 같은 사악한 마음의 신부 바르베르데가
바구니 쪼각과 같이 기묘한 물건을 내밀었다
그것은 저 군마와 함께
다른 별에서 온 나무열매라도 되었던가
아따우빠르는 그것을 손에 쥐기는 했으나
어떻게 해야 할 줄을 몰랐다
그것은 반짝반짝 빛나는 것도 소리나는 것도 아니었다
그는 미소를 지으면서 그것을 땅바닥에 내던져버렸다
그러자 승냥이가 살인의 십자군에게 외쳤다
−죽여라 복수다 살해해리
내가 허락하는 거다!−
명령은 천둥처럼 병대들에게 전해졌다

우리들의 피가 요람 속으로 흩어져 들어갔다
이 순간에도 황태자들은 성가대처럼
단말마처럼 울부짖는 잉카를 꿈쩍도 않고 에워싸고 있었다

검과 십자가 밑에서
수백 수천 명의 페루인이 쓰러져 갔다
피는 아따우스빠의 옷을 적셨다

잔혹한 에스뜨레마도라의 돼지치기 삐사로는
잉카의 두 손을 묶었다
밤이 페루 위에 내렸다
시커먼 먹물처럼

(페루의 잉카제국이 삐사로 일당에게 패망하는 모습을 그린 시. 종군신부 바르베르디는 한 손에 성서를, 한 손에는 십자가를 들고 지배자들의 첨병 노릇을 했을 뿐만 아니라 직접 학살을 명령하고 지휘했다. 이 시에서 '기묘한 것'은 성서를 가리킨다.)

(시집『아침저녁으로 읽기 위하여』)

빼앗긴 들에도 봄은 오는가

이상화(1901~1943)

지금은 남의 땅--빼앗긴 들에도 봄은 오는가?

나는 온몸에 햇살을 받고,
푸른 하늘 푸른 들이 맞붙은 곳으로,
가르마 같은 논길을 따라 꿈속을 가듯 걸어만 간다.

입술을 다문 하늘아, 들아,
내 맘에는 나 혼자 온 것 같지를 않구나!
네가 끌었느냐, 누가 부르더냐. 답답워라. 말을 해 다오.

바람은 내 귀에 속삭이며,
한 자국도 섰지 마라, 옷자락을 흔들고
종다리는 울타리 너머 아가씨같이 구름 뒤에서 반갑다 웃네.

고맙게 잘 자란 보리밭아,
간밤 자정이 넘어 내리던 고운 비로
너는 삼단 같은 머리를 감았구나. 내 머리조차 가뿐하다.
혼자라도 가쁘게나 가자.
마른 논을 안고 도는 착한 도랑이
젖먹이 달래는 노래를 하고, 제 혼자 어깨춤만 추고 가네.

나비 제비야, 깝치지 마라.
맨드램이, 들마꽃에도 인사를 해야지.
아주까리기름을 바른 이가 지심 매던 그 들이라 다 보고 싶다.

내 손에 호미를 쥐어 다오.
살진 젖가슴과 같은 부드러운 이 흙을
발목이 시도록 밟아도 보고, 좋은 땀조차 흘리고 싶다.

강가에 나온 아이와 같이,
짬도 모르고 끝도 없이 닫는 내 혼아,
무엇을 찾느냐, 어디로 가느냐, 웃어웁다, 답을 하려무나.

나는 온몸에 풋내를 띠고,
푸른 웃음, 푸른 설움이 어우러진 사이로,
다리를 절며 하루를 걷는다. 아마도 봄 신령이 지폈나 보다.
그러나, 지금은———들을 빼앗겨 봄조차 빼앗기겠네.

(『개벽』, 1926년)

고래실 형수

이중기(1957~)

데름, 있는기요!
식전 댓바람에 고래실 형수 들이닥쳤다
가기 싫다고 고개 외로 꼬는 경천이 형을
마누라 허락 없이는 갈 수 없다는 경천이 형을
농협 빚이자 깎아주겠다고 턱도 없는 사기를 쳐서
전세버스 타고 아침부터 소주 먹여 데리고 간 서울
농민대회에서 그만 사고를 치고 말았다
정신이 멀쩡한 놈들은 꽁무니를 빼는 바람에
술김에 자청하는 경천이 형 선봉대에 차출되어서
국회 마당에 돼지를 몰아넣다가 연행되었다
이틀 밤 자고 벌금 칠십만 원 선고받았다

데름, 있는기요!

마루문 왈칵 열고 쏘아보던 그 눈빛 생생하다
콩 타작마당에 엎어진 것 같이 얼굴이 얼금얼금하고
잘슴잘슴 절면서도 농사라면 자식농사까지 반듯한 형수,
우리 아 아부지가 사람명색이 오줄은 좀 없어도
생돈 칠십만 원 들여
서울 구경했다니 너무 우습구마
오줄이 반듯한 데름 깜냥이 고거밖에 안 되는기요?
아나 여깄다! 쌀이 다섯 가마이시더

던져주는 돈 칠십만 원 돌려주느라 진땀 흘렸다

그러나 그해 농협 이자는 3%나 낮아졌다
그건 경천이 형이 워낙 데모 잘한 덕분에 나도
우리 모두 큰돈을 벌었다고 형수에게 이죽거린다

(시집 『다시 격문을 쓴다』, 작가마을, 2005)

| 감상문 |

외국문학과 한국문학

채예송(국어국문학과)

문학에 대한 정의로 강의는 시작됐다. 한국문학, 외국문학, 세계문학 등 각각의 의미에 대해 교수님 나름대로의 생각도 곁들여 말씀해 주셨다. 특히 한국문학의 경우 한국인이 한글로 쓴 문학적 소산을 모두 한국문학이라고 말할 수 있다. 덧붙여 남북한 모두 그리고 해외 동포들이 쓴 글도 한국문학이라고 볼 수 있다는 점이 흥미로웠다. 외국문학의 경우는 서구의 것뿐만이 아니라 한국을 제외한 다른 나라의 문학을 모두 포함한다고 했다. 이러한 각각의 정의를 통해서 문학의 범위를 정확하게 짚고 넘어갈 수 있었다.

교수님께서 특별히 강조하신 점이 있다면 문학을 수용하는 태도였던 것 같다. 외국의 문학을 들여올 때 그들의 것을 우리에게 맞게끔 가공하여 받아들이자는 것이다. 즉 주체적인 수용 태도가 필요하다는 것인데, 이는 과거 다산이 주장한 바와도 같다고 했다. 이런 태도는 문학에서뿐 아니라 사회적, 경제적 분야에도 적용해야 할 것 같다고 생각해 보았다.

또 한 가지 재미있게 봤던 내용이라고 한다면, 한국의 시인 천상병과 독일의 시인 하이네의 시 비교였다. 젊은 시절 사회로부터 억울하게 대우받고 힘들게 지냈다는 점이 비슷한 두 사람은 세상에 대해 쓴 시를 남겼다. 천상병 시인의 「귀천」과 하이네의 「유언장」이라는 시이다. 그러나 이 두 시의 내용을 보면 그 태도가 서로 완전히 상이하다. 「귀천」에서는

'나 하늘로 돌아가리라. 아름다운 이 세상 소풍 끝내는 날. 가서, 아름다웠더라고 말하리라.'라고 하며 힘들었지만 세상은 아름다웠다고 노래하고 있다. 이에 비해 하이네는 자신이 가지고 있는 온갖 질병들을 자신에게 나쁘게 대한 사람들에게 선물을 준답시고 남겨 준다고 한다. 세상이 아름다웠다고 말하는 「귀천」과는 다르게 자신이 떠나고 남을 이 세상에 대해 저주하는 말들을 나열해 놓았다. 교수님은 개인적으로 하이네처럼 화끈하게 속내를 드러내는 것이 더 좋을 것 같다고 하셨다. 나도 만약 시를 썼다면 하이네처럼 썼을 것이라는 생각을 했다. 천상병 시인의 내용은 참 성인군자 같은 느낌이 든다. 어쨌든 두 시의 비교는 시인의 성격을 보여 주었고 흥미가 있는 내용이었다.

교수님께서는 마지막으로 한국 문학의 문제점에 대해 언급하셨다. 가장 문제가 되는 것이 바로 농민문학의 소멸이라고 하셨다. 우리의 문화가 농경문화에서 산업문화로 급격하게 변하면서 문학에서도 이에 따른 문제들이 발생한다는 것이다. 사실 이 부분에 대해서는 정확하게 이해는 되지는 않았다. 그러나 우리가 과거의 것에 대해 잘 모른다는 것이 서구화에 익숙한 젊은이들의 잘못은 아니라는 결론이었다.

국문과라서 외국문학에 대해 접할 일이 잘 없었는데, 이번 강의를 통해서 외국의 시도 한 번 읽어 보는 것도 좋겠다고 생각을 했다.

| 아홉 번째 강의 |

예술 속의 정보과학

-디지털 아트를 중심으로

김상욱(경북대 컴퓨터학부)

문화적인 상상력은 첨단 디지털 기술의 이용하여 감동과 꿈을 만든다. [그림 1]은 문화와 기술의 만남으로 새로운 감동을 준 영화 〈아바타〉의 장면이다. 이 영화는 과학과 기술이 문화에 감동을 줄 수 있다는 역사적인 획을 긋는다.

[그림 1] 영화 〈아바타〉의 장면

이렇듯 영화를 예로 볼 때 첨단 기술도 예술 이상으로 감동을 만들어 낼 수 있으며, 디지털 첨단 기술과 접목하여 수익과 고부가 가치를 생성할 수 있다. 이러한 환경에서 문화의 한 영역인 디지털 아트를 살펴보자.

1. 미디어 아트의 분류

과학과 디지털 기술이 아트와 융합하여 아름다움을 생성하면서 감동과 흥미를 주고 있다. 그런데 몇 곳의 전시를 살펴보면 '미디어 아트'라는 이름으로 여러 유형의 작품을 전시하고 있다. 대체로 컴퓨터 모니터나 텔레비전 화면에 어떤 영상물을 보이는 유형, 프로젝터로 스크린에 영상물을 비추는 유형, 멀티미디어 저작이나 편집 도구로 영상물을 변형하거나 합성하여 어떤 의미를 보이는 유형, 센서나 전자장치 혹은 컴퓨터를 사용하여 관객의 행동으로 영상물이 반응하는 유형, 어떤 입력 도구를 조작하면 영상물이 반응하는 유형 등 다양하다.

이러한 전시는 대체로 어떤 전자장치를 이용한 시각 효과를 나타내고 있기 때문에 비주얼 아트, 비디오 아트, 디지털 아트, 미디어 아트, 전위 아트 등 여러 용어로 불리며 '순수 예술'과 대응하여 이야기되는 것 같다. 먼저, 작품의 특징을 통하여 용어와 개념을 정리하여 보자.

1) 비주얼 아트

[그림 2] 루미아르떼

비주얼 아트는 단순하게 시각 효과를 보이는 기법이다. 루미아르떼가 이런 유형으로 작은 전구나 전자 소자 등을 이용하여 2차원 공간이나 3차원 공간에 아름다움을 연출하거나 시간적으로 환상적인 아름다움을 표현한다. 그러나 이는 영상물의 콘텐츠가 없는 빛의 아름다움일 뿐이다. [그림 2]는 루미아르떼 작품이다.

2) 비디오 아트

비디오 아트는 비디오 영상물이나 필름 영상물로 시각 효과를 보이거나, 영상물을 조작, 변형하거나 영상물에 주변기기를 접속하여 작품을 표현하는 기법이다. 비디오 아트는 백남준의 등장으로 역사적으로 많은 관심을 받은 영역으로 기술의 변화에 따라 단순하게 영상을 보이는 기법, 영상을 비추는 기법, 영상물 조작 기법 등으로 분류할 수 있다.

단순 영상 재생 기법 이 기법은 단순하게 영상물을 모니터나 스크린을 통해 정해진 시간 동안 재생하는 기법이다. 일종의 비디오나 영화 작품이라 할 수 있다. 어떤 풍경을 보이거나 다양한 개체들의 현란한 움직임을 보일 수 있다. 뮤직비디오가 여기에 속할 수 있다.

영상을 투사하는 기법 이 기법은 돌, 나무, 가구 같은 특정 물건이나 대상에 영상을 비추는 기법이다. 예를 들면, 종이로 만든 갈매기 여러 개를 천장에 매달고 바다 풍경을 비추면서 파도 소리 음향 효과를 가미하면 관객이 현장감을 느끼면서 감상할 수 있다. 이런 작품들은 여러 전시회에서 많이 볼 수 있다. [그림 3]은 장승은의 〈만다라〉라는 작품으로 관객의 소리에 반응하여 벽면에 물방울 소리와 함께 물방울이 일어나는 모양의 영상물을 투사함으로써 신비로움과 재미를 보이는 작품이다.

영상물 조작 기법 이 기법은 멀티미디어 저작 도구나 편집 도구를 이용하여 영상물을 의도에 따라 조작, 변형하거나 어떤 물건이나 대상에 모니터나 스크린을 의미 있게 설치하고 의도하는 영상물을 표현한다. 뿐만 아니라, 영상물에 음향 도구와 모니터를 결합하여 시각은 물론 청각적인 효과를 내기도 하고 밝기, 위치, 흑백, 색상 등을 조작하여 환상적인 영상 작품을 표현하기도 한다. 비디오 아티스트의 세계적 거장인 백남준의 작품에 이런 유형이 많다. [그림 4]는 백남준의 작품으로 개천절을 나타내는 1,003개의 텔레비전 모니터를 탑 형식으로 설치하여 구성하였으며 대중매체가 많다는 것을 표현하고 있다.

[그림 3] 장승은의 〈반나라〉

[그림 4] 백남준의 〈다다익선〉

지금까지 살펴본 것 같이 비주얼 아트나 비디오 아트는 빛을 사용하여 시각적인 아름다움을 나타내거나, 영상물 콘텐츠를 각 특성에 맞는(비디오는 비디오로, 사진과 영화는 필름으로) 저장 매체에 저장한 후 조작하여 표현 매체를 통하여 표현하였다. 이것이 그 시대에 따라 소위 '전위 예술'이라 불렸다.

3) 디지털 아트

디지털 아트는 컴퓨터라는 정보기기와 멀티미디어 저작, 편집 도구 같은 소프트웨어를 사용하여 작품을 구성, 저장, 표현, 배포할 수 있는 아트이다. 그러므로 비디오 아트 기법처럼 각 매체의 특성에 따른 저장 매체나 표현 매체를 따로 이용할 필요가 없다. 즉 디지털 아트 작품은 문자, 이미지, 소리, 음향, 그래픽, 애니메이션, 비디오 등 각 개체를 따로 사용할 수도 있고, 필요에 따라 여러 개체를 혼합하여 한 작품을 구성할 수 있다. 한 마디로 디지털 아트 작품은 컴퓨터 소프트웨어를 실행하여 예술적인 아름다움을 표현한 파일 상태이다. 이러한 특성이 디지털 아트가 비디오 아트와 완전하게 구별되는 특징이다.

디지털 아트 작품의 가장 중요한 특성은 복사, 조작, 표현, 배포, 재구성할 수 있다는 것이다. 즉 복사본이 곧 원본이며 여러 개 있을 수 있다. 그 외에도 다양한 컴퓨터 입출력 장치로 콘텐츠와 상호작용할 수 있으며, 탄저블이나 햅틱 기술의 발전으로 눈과 귀는 물론 작품을 손으로 만지거나 몸으로 느낄 수 있다. 또한 작품을 보기 위해 전시장이나 작품이 설치된 장소에 갈 필요가 없다. 인터넷이나 기타 네트워킹을 통하여 원하는 전시관에서 원하는 작품을 얼마든지 감상할 수 있다. [그림 5]는 김상욱의 〈혼돈의 규칙〉이라는 프랙털 기법 작품이다.

[그림 5] 김상욱의 〈혼돈의 규칙〉

이러한 디지털 아트는 아트 기질과 첨단 기술의 활용 능력에 작품성이 달려 있다. 그러므로 디지털 아트 기질은 캔버스적 사고에서 탈피하여 공간적으로 작품을 기획하고 구상할 수 있어야 하고, 동시에 첨단 기술을 다룰 수 있는 능력이 있어야 한다. 두 기질을 효과적으로 융합할 때 비로소 훌륭한 디지털 아트 작품이 탄생한다. 또한 디지털 아트는 컴퓨터 저장 매체에서 벗어나 인터넷에서 공유하여야 하므로 네트워크를 통한 전 세계적인 네트워크 아트를 구상하는 능력을 가지면 더욱 좋을 것이다.

4) 인터랙티브 아트

오늘날 첨단 디지털 기술은 디지털 아트에서 매우 중요한 요소를 제공하고 있다. 즉, 전자 장치나 각종 센서를 이용하거나 결합하여 작품 속의 콘텐츠와 관객이 상호작용할 수 있도록 한다. 이러한 상호작용 기법은 컴퓨터 게임에서 이미 오래전부터 이용되고 있다.

인터랙티브 아트는 디지털 장치에 의해 디지털 콘텐츠와 관객 사이에서 상호작용이 이루어질 뿐만 아니라, 콘텐츠와 콘텐츠 사이에서도 상호작용이 가능한 기법이다. 이제는 작품 속의 콘텐츠가 관객의 위치, 상황, 의도를 자동 인식하여 감동을 줄 수 있도록 진화하고 있다. 이러한 기법은 기존 비디오 아트나 디지털 아트와 완전히 다른 차원의 작품 세계를 구성하거나 연출하도록 하기 때문에 이 상호작용 기술은 디지털 아트의 혁명이라 할 수 있다. 그림 속에 정지한 풍경이나 이미지 대상이 관객과 같이 살아 움직이게 한다는 것은 이미 그림이라는 범주를 벗어나기 때문이다. 즉 그림이 생각한다는 것은 매우 중요한 의미를 가진다.

[그림 6]은 장승은의 인터랙티브 아트 작품으로 센서와 마우스에 의해 관객의 움직임이나 행위에 따라 물고기들이 다양하게 이동하거나 모이는 장면을 연출한다. 물론 물고기들이 다양하게 나타나거나 변하면서 전체적으로 몽환적인 분위기를 보인다. 이 작품에서는 센서의 역할이 중요하다.

[그림 6] 장승은의 〈인터랙티브 캘린더〉

이러한 인터랙티브 아트에서는 센서와 네트워크를 이용하면 개인의 옷이나 액세서리도 얼마든지 아트가 될 수 있다. 예를 들어 옷 색깔이 주위 환경이나 시간에 따라 변하는 아트가 될 수 있다. [그림 7]은 옷 색깔에 따라 전등 불빛이 변하는 기술을 보이고 있다.

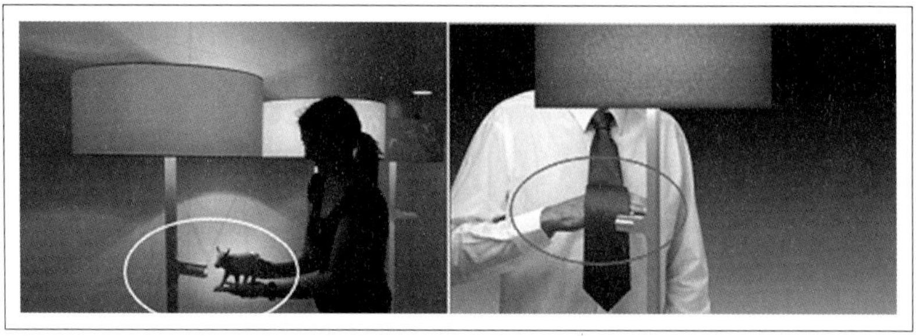

[그림 7] 카멜레온 같이 엑세서리나 옷 색에 따라 전등 불빛이 변한다.

이와 같이 디지털 아트는 미디어(카메라, 컴퓨터, 센서, 네트워크 등)와 첨단 디지털 기술의 변화에 의하여 미술, 음악, 영화 등 아트 세계에 많은 변화를 줄 것이다. 새로운 미디어와 디지털 기술 이용은 아트에 변화를 가져왔기 때문에 교육이나 산업에서도 많은 관심을 가져야 한다. 문제는 첨단 미디어 기술로 표현하는 창의적인 작품 콘텐츠이다.

2. 디지털 첨단기술, 아트를 바꾸다!

주위에서 쉽게 접하는 컴퓨터 게임에는 디지털 정보기술 분야의 모든 첨단기술이 결합되어 있다. 이 게임 기술을 이루는 기본 구조와 소프트웨어 구성은 디지털 아트에 필요한 기술과 유사하다. 다만 다른 점은 게임에 나타나는 캐릭터를 대신하여 미적 아름다움이나 작품을 표현하는 콘텐츠로 게이머가 아닌 일반 관객에게 감동을 어떻게 제공할 수 있는가이다.

디지털 아트나 인터랙티브 아트에 적용할 디지털 기술의 총체적인 구성은 [그림 8]과 같은데 아래와 같이 크게 다섯 부분으로 나눌 수 있다.

- 서버 부분(그래픽 등 콘텐츠의 실행과 저장)
- 네트워크 부분(원격지에서 콘텐츠에의 접속, 접근, 표현)
- 인터페이스 부분(콘텐츠를 재생)
- 센서 부분(관객의 상황, 위치, 행위 인식)
- 콘텐츠 저작과 재생 기술(아트적인 콘텐츠 만들기)

실제로 서버 부분, 네트워크 부분, 인터페이스 부분, 센서 부분은 물론 콘텐츠 저작 도구나 재생 도구는 과학과 기술적인 분야이므로 기술 관련 분야에서 이미 개발한 기술이거나 현재 연구와 개발을 수행하고 있다. 그러므로 아트 분야는 이 기술들을 이용하여 콘텐츠를 저작하는 도구를 사용하는 능력과 창의적인 작품을 만드는 능력을 키워야 한다.

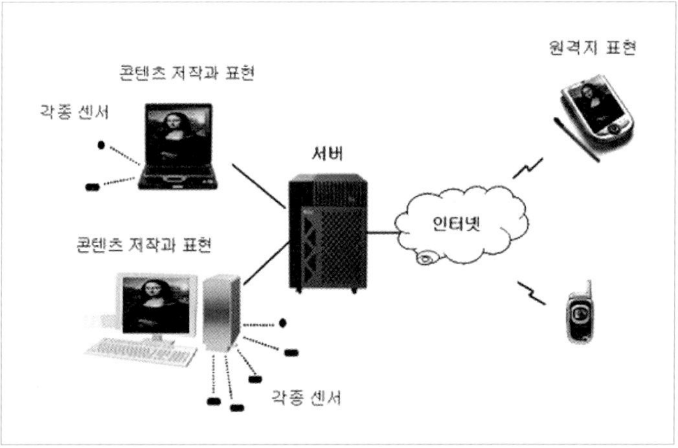

[그림 8] 디지털 아트와 인터랙티브 아트에 적용하는 총체적 디지털 기술

기술적인 각 분야를 모두 설명하기는 어렵기 때문에 디지털 아트에 적합하거

나 밀접한 디지털 기술을 간단하게 언급해 보자.

- 인간과 컴퓨터의 상호작용 기술은 디지털 아트에서 가장 밀접한 분야이다. 이 분야에서는 컴퓨터 사용자와 콘텐츠 사이의 상호작용을 다루며 디지털 미디어인 디지털 텔레비전이나 모바일 매체 등에서 활용하고 있다.
- 차세대 엔터테인먼트 기술은 앞으로 콘텐츠의 상호작용이 더욱 증가할 것이므로 컴퓨터 게임도 크게 변화하리라고 예상한다. 그러므로 오락 분야나 영화 분야에 널리 적용할 수 있다.
- 디지털 복원과 문화 유산 복원 기술은 문화 원형의 디지털 보존과 데이터베이스화하는 기술이다. 이 기술은 그래픽, 애니메이션, 가상 현실 등 여러 기술이 결합하는 기술로 가상 박물관 등에 널리 적용하고 있다. 우리의 고유문화를 디지털화할 경우에는 문화콘텐츠 산업 전반에 파급효과가 매우 클 것이다.
- 차세대 디지털 텔레비전 기술은 IPTV와 정보, 통신, 방송의 융합으로 인한 매우 중요한 기술이다. 이 기술은 게임기, 정보가전기기 등 가정 기기에 적용할 수 있으며 가정을 변화무쌍한 아름다운 전시관으로 꾸밀 수 있다.
- 웨어러블 컴퓨팅 기술은 우리 몸과 엑세서리를 이용한 기술로 몸과 의류의 패션은 물론 건강까지 관리할 수 있는 기술이다.

이 외에도 인공지능관련 기술은 지능 에이전트가 서로 협동하면서 자신의 일을 스스로 결정하는 능력을 지니도록 한다. 이 기술은 캐릭터를 가상 배우로 사용할 수 있다. 또한 캐릭터 합성 기술은 컴퓨터 기술, 인간행위론, 인지과학 등의 기초 이론을 적용한 캐릭터를 개발하는 기술이다. 그러므로 이러한 첨단 기술을 적용하면 전시와 체험이 사실적으로 몰입 경험을 할 수 있도록 하기 때문에 게임, 영상, 박물관 등에 적용할 수 있다.

이와 같이 디지털 기술은 아트를 변화시켜서 지금까지의 아트라는 개념과는 전혀 다른 '뉴아트'라는 영역을 만들게 되었다. [그림 9]는 캐나다의 아티스트인 Luc Courchesne의 〈Landscape One〉이라는 인터랙티브 파노라마 작품이다. 이 작품은 스크린에 비치는 공원 앞에 관객이 있으면 마치 공원에 들어와 있는 것 같은 몰입 현상을 준다. 관객이 지나가는 대로 화면이 이동하면서 공원을 거니는 것과 같은 효과를 준다. 물론 터치 스크린과 음성인식으로 가상 캐릭터와 상호작용이 가능하다.

[그림 9] Luc Courchesne의 〈Landscape One〉

이제 이러한 디지털 첨단 기술들은 모든 사물이 스스로 생각하고 판단하여 움직인다는 명제에 도달하게 되었다. 이것은 매우 중요한 의미이며 혁명인 것이다. 오늘날 보편적인 생활 도구는 분명히 디지털, 정보기기가 될 것이며 인류 생활과 문화에 영향을 주는 것이 확실하므로 생활 방식과 사고는 물론 교육도 변화하여야 할 것이다. 그러므로 인문, 예술, 과학, 공학, 의학 등이 융합한 학문으로 변화를 시도하여야 할 것이다.

3. 핵심은 콘텐츠이다

미디어라는 것은 어떤 매체일 뿐이다. 연필, 물감, 유화 모두 매체이다. 인류

역사상 매 시대마다 새로운 미디어는 항상 새롭게 나타날 수 밖에 없다. 오늘날 융합 시대의 미디어는 바로 디지털 미디어가 보편화되면서 '뉴미디어'가 되는 것이다. 앞으로 어떤 첨단 기술이 새로이 나타날지는 모르지만 아트를 위해서라면 항상 새로운 콘텐츠를 창조적으로 만들어 시대를 선도해야 할 것이다.

그러므로 기술과 예술의 경계는 없으므로 새 시대의 뉴미디어를 대비한 아트는 뉴미디어를 다루는 능력과 함께 뉴미디어를 최대로 활용하는 창의적인 콘텐츠 개발에 달려 있다고 할 수 있다. 결국 디지털 미디어 아트를 추구하고 새로운 도전을 하려면 콘텐츠를 어떻게 기획하고 구성할 것인가에 관심을 가지는 것이 중요하다. 뿐만 아니라, 이제 예술이라는 것은 디지털 장비에 의한 생활 속에 깊숙이 녹아 있는 생활 자체이고 인간과의 소통이며 보편적인 문화이고 산업이며 새로운 학문이다.

| 감상문 |

컬처 테크놀로지! 정보기술과 만남

강성필(법학부)

오늘날의 사회는 점점 우리가 따라가기가 벅찰 만큼 빠른 속도로 변화하고 발전해 가고 있다. 특히 과학기술, 그중에서도 정보기술분야의 발전은 가장 대표적이면서도 가장 빠르고 다양한 양상을 보여 주고 있다.

미래사회는 문화와 관련된 산업이 가장 중요하고 가장 선호될 것이라고 한다. 즉 문화와 결합해야 돈이 되고 문화를 통해 사회의 인프라를 구축하게 된다는 것이다. 그리고 문화와 디지털 첨단기술이 접목되어 갈 것이다. 그렇다면 이러한 문화와 디지털 첨단기술의 만남에 있어서 중요한 것은 무엇일까? 그것은 바로 이를 통해서 전달될 콘텐츠라고 할 수 있을 것이다. 하루가 다르게 발전되어 가는 정보기술을 통해서 어떤 내용의 문화를 전달할 것인가가 바로 핵심인 것이다. 아무리 탁월한 기술이 개발되어 간다고 하더라도 그 속에 담긴 내용이 이전과 다를 바 없고 혹은 오히려 퇴화되어 간다면 이는 아무런 의미를 찾을 수 없을 것이다. 그래서 전 세계는 지금 이 순간에도 디지털 콘텐츠에 대한 경쟁을 벌이고 있다.

강연자는 오늘날 인터랙티브 콘텐츠, 즉 상호작용이 되는 콘텐츠가 중요하다고 했다. 그러면서 마우스의 움직임이나 조정에 따라 모나리자의 눈의 움직이거나 인상이 조정되는 간단한 그림을 보여 주었다. 평소 인터넷을 이용하면서 그냥 모르고 지나갔었는데 그런 간단한 것들도 바로 사용자와 상호작용을 생각해서 제작된 콘텐츠였던 것이다. 이를 통해 전문가만이 아니라 일반인들도 평소에 조금만 관심을 가지고 생각해보면 획기적이고 신선한 콘텐츠를 생산해 낼 수 있는 무한한 가능성이 있다는 생각이 들었다.

앞으로는 이전과는 다르게 공학적 속도보다는 사람과 사람을 연결하고 현실세계와 가상의 세계의 경계가 점차 소멸되어 새로운 공간, 새로운 세계가 열릴 것이라고 한다. 앞으로의 인류는 현실세계를 살면서도 보다 작아지고 우리의 인체와 결합된 정보기술매체를 통해 모든 타인들과 연결되고 상호작용을 하면서 살아가게 되는 것이다. 옷처럼 입고 다니는 컴퓨터가 나오고 대형수족관에 물을 담고 고기를 사육할 필요 없이 그것과 똑같은 수족관을 만들어 실제처럼 그것을 체험할 수 있게 되는 것이다.

별로 관심을 두지 않았던 분야에 대해서 조금이나마 알게 된 계기가 된 것 같아서 신선하고 좋았다. 다만 이처럼 눈부신 속도로 발전해 나가는 컬처 테크놀로지의 밝은 측면만을 부각하고 그 반대편의 어둠 속에 있는 문제점들은 간과하고 있지는 않나 하는 생각이 문득 들기도 한다. 물론 정보 테크놀로지의 이러한 변화와 발전의 추세는 거스르기 힘든 대세라고 할 수 있을 것이지만 개인적인 생각으로는 신기하고 편리한 기술이 하루가 다르게 개발되고 발전되고 있는 오늘날의 사회에서 인간들은 과연 이전보다 행복해져 가고 있는지 회의감이 들기도 한다.

무조건 빠른 속도로 달려가기보다는 이렇게 변화되어 가는 과정에서 소외되어 가는 인간의 존재라든지 그 외의 많은 어두운 측면들도 성찰하고 개선해 나가야 하지 않나 생각하게 된다. 컬처 테크놀로지라는 것은 인간의 만족과 행복을 위한 도구이며 가장 근원적인 목적은 바로 인간이기 때문이다.

| 열 번째 강의 |

도시건축: 전통과 현대*

조재모(경북대 건축학부)

1. 살고 싶은, 즐기고 싶은 한옥

한옥은 우리나라의 전통적인 건축수법을 바탕으로 만들어진 주거형식이다. 한옥이라고 해서 오래전의 형태와 구축법이 그대로 전통이 되어 변함없이 사용되어 온 것은 물론 아니어서 지속적으로 변모해 가는 과정의 어느 한 단면을 우리가 '전통적인 한옥'이라고 지칭하고 있는 것일 뿐이지만, 적어도 사용하는 재료와 양식적 측면, 구법과 계획 개념은 일정한 범위 내에서 공통점을 갖고 발전하여 왔다. 그렇기에 한옥에 '전통'이라는 단어를 붙일 수 있는 것이다. 그런데 실상 전통이라는 단어는 현재성과 불가분의 관계에 있다. 살아 있지 않으면 전통이 아니라 그야말로 어느 한 시대의 흔적일 뿐이다. 쌀밥과 된장국, 김치를 전통적인 식단으로 받아들이는 것은 지금까지도 가장 일상적인 식사의 형태이기 때문이다. 하지만 이러한 관점이 항상 유효한 것은 아니다. 식생활에 비해 의복생활은 완전히 뒤바뀌었으므로, 한복을 전통적인 의복으로 인정하면서도 오늘날의 생활에서

* 이 글의 후반부는 『동양예술(한국동양예술학회논문집)』 제10권에 발표된 「한국건축 전통논의의 성격」을 발췌·인용하였다.

한복이 차지하고 있는 비중은 미약하기만 하다. 즉 사전적 의미에 비해 실제 사용되고 있는 전통의 의미는 보다 다양하고 광의적이라고 하겠다. 건축 혹은 주생활에서는 어떠한가? 건축은 음식이나 의복에 비해 복합적인 성격을 갖고 있어서 한마디로 판별하기가 쉽지 않지만 적어도 오늘날의 우리 도시에서 '한옥'이라 할 만한 집들이 새로 지어지는 일은 드물다는 점에서 건축의 형태적 전통은 많이 사라졌다고 할 만하다. 대신 온돌 난방 등 생활의 측면에서는 예전의 방식을 그런대로 꾸준히 사용하고 있는 편이다.

최근 들어 한옥이 붐이다. 고사 직전, 아니 신규 건설분으로만 치자면 이미 사망선고를 받은 것이나 다름없었던 한옥이 되살아나고 있다. 서울 북촌의 한옥군이 서울이라는 도시를 관광도시로 거듭나게 하는 일등공신이 되었고 한옥 선언과 각종 행정적 제도개선을 통해 소중한 자산으로 관리되고 있다. 전주의 한옥마을, 경주의 한옥호텔 등 새로운 시도들이 줄을 잇고 있으며 문화재적 가치만 있는 줄 알았던 경상북도의 숱한 고택들도 감히 하루를 묵어 가고 싶은 곳으로 다가온다. 정책적으로도 문화재청에서만 갖고 있었던 관심이 국토해양부 등 다른 부처의 관심사가 되었고 덕분에 이래저래 관련 연구 및 개발 과제들도 많아졌다. 일본이나 캐나다의 목조주택 업체들이 한국시장을 겨냥하고 있으며, 각종 신문과 잡지에 한옥에 사는 사람들의 이야기가 끊이지 않는다. 그렇게 한옥이 부활하였다.

막 부활한 한옥은 화려한 수식어를 붙이게 되는 아이콘이지만 진정 한옥이 살아 있는 주거유형이 되려면 한옥이 보다 평범하고 흔하게 느껴져야 한다. 가진 사람들만의 고귀한 취미대상이라면 역시나 박물관의 유물과 다르지 않기 때문이다. 진정 원하는 것은 한옥이 내가 쉽게 선택할 수 있는 주거유형의 하나가 되는 것이다. 오로지 아파트만이 추구할 수 있는 주거유형인 현실이 너무나 갑갑하기 때문이다. 아파트를 떠나는 것이 돌아올 수 없는 다리를 건너는 선택이 아닌 사회, 한옥이나 아파트, 2층 벽돌 양옥집과 전원주택 사이에 사회심리적인 경계선이 보다 엷게 존재하는 사회가 우리 세대의 건축이 원하는 일 중 하나가 아닐까.

2. 건축의 본질과 우리 건축의 지역성

우리의 전통주거인 한옥을 우리 스스로 어렵게 대해야 하는 아이러니한 상황은 근대기의 경험으로부터 시작되었다. 서구건축사에서의 근대는 오랫동안 쌓아온 건축적 논의의 질적 전환기였다. 그리스와 로마의 건축술이 서구사회의 전통이 된 이래로 2,000년 이상 사용해 왔던 관습이 종말을 고하고 완전히 새로운 개념의 건축이 주인공이 되었다. 기계시대로도 칭해지는 이 시기에, 건축가들은 지금의 건축이 어떠해야 하는가에 대한 진지한 질문을 던졌고 아방가르드라 칭할 만큼의 치열한 고민 속에 근대의 새로운 건축이 탄생되었다. 그들에게 시대성은 피할 수 없는 명제였을 것이다. 그간 건축을 좌우해 왔던 전통, 구축, 지역성의 담론들은 그 유효함에도 불구하고 새로운 시대의 돌파구가 되어 주지는 못하였을지도 모른다. 그렇다고 산업혁명의 신기원이 건축에 여과없이 투영되어 곧바로 근대적 건축이 등장한 것도 아니었다. 기계시대의 미학이 건축화하는 데는 새로운 재료의 등장과 건축형태적 번안, 재료에 어울리는 새로운 미학의 탄생과 보급 등 꽤 긴 시간의 노력이 필요하였다. 그것은 아마도 건축이 갖고 있는 본질적 측면 때문이었을 것이다. 근대사회가 건축에 요구한 것은 급박한 변화였을지 모르지만, 건축은 본질적으로 시대성, 지역성, 구축성의 교차축 위에 존재할 수밖에 없다. 시대성은 기술, 사회, 삶의 방식, 철학, 경제성, 신재료 등에 의해 규정되는 것으로 근대야말로 시대성의 담론으로부터 자유로울 수 없는 지점이었다. 지역성은 전통적 재료와 환경조절, 토양과 사람들의 삶 등 그럼에도 불구하고 쉽게 바뀌지 않는 것들이다. 근대의 기술은 아마도 지역적인 한계는 기술적으로 충분히 극복될 수 있을 것이라는 신화적 믿음 속에 존재하고 있었다고 해야 할 것이다. 그리고 구축성. 이것은 대량생산될 수 없는 건축의 속성으로 전자기기나 철학적 담론처럼 빠른 속도로 전세계에 유통되지 못하는 한계를 설정해 버린다. 현상적으로 근대는 건축가에게 위의 범주들 중 하나를 선택하도록 강요하고 있는 듯했다. 대부분의 건축가들은 동시대적 상황에 근거하여 기술일원적 원리에 의해 자신의 건축을 위치시켰다. 국제주의 양식은 지역성을 무시한 채 이상향을 꿈꾸었으며 이는 현대 한국의 건축 현실과도 무관하지 않을 것이다.

우리의 근대기는 그다지 자율적이지 못하였다. 강력한 외세의 등장과 이에 대한 대응은 충분히 농익은 근대의 고민을 만들어 내기보다는 나와 타자의 갈등, 그 속에서의 도피적 선택으로 점철된 불행하기까지 한 과정일 수밖에 없었다. 건축의 경우도 마찬가지였다. 수천 년간 이 땅에서 발전해 온 목조건축술은 낡은 인습으로 왜곡되어 재인식되었고 서구에서 발전한 근대적 건축기술이 곧 선진의 그것으로 전통의 자리를 대체하고 있었다. 심지어 이미 오래전에 유행하였던 고딕, 르네상스, 바로크풍의 건축도 선진의 이미지를 갖고 이 땅에 등장하기 시작하였는데, 이는 당시의 우리 사회가 얼마나 조급했던가를 그대로 보여 주는 단초들이다. 특히 위생의 이데올로기가 작동하면서 전통적으로 지어 오던 집들은 비위생적인 것들, 그래서 재빨리 버리지 않으면 선진화할 수 없다는 식의 공세 속에서 살아남기 어려운 상황을 맞닥뜨렸다. 그래서 우리의 전통적인 한옥들은 새롭게 일신할 기회를 잃고 쉽게 버려졌으며, 단지 그것이 오래되고 낡아 위생적이지 못하였던 여건을 한옥 자체의 문제인 것처럼 여겼다. 식민지적 근대의 담론은 이 땅에도 여지없이 작동하고 있었던 것이다.

우리가 잃은 전통건축은 어떤 속성을 갖고 있었을까? 온돌과 마루의 결합, 툇마루의 사용, 종이로 바른 창과 나무와 흙으로 만든 구조체와 벽체는 우리 전통건축을 규정하는 요소들이었다. 남녀유별의 내외관념, 마당과 건축물의 조화로운 배치수법, 자연과 어우러지는 풍경 등도 마찬가지였다. 한자라는 공통의 언어와 유교, 불교의 체계에 의해 구축되어 온 동아시아의 보편성도 서구 중심의 세계화 앞에서 무력해졌다. 하지만 이러한 속성들은 여전히 우리의 건축을 살펴보는 데 유용한 키워드들이며 현대 건축 속에서도 발견되는 지속적인 속성임을 잊어서는 안 된다.

3. 하노이 36거리 NhaOng의 교훈

수 년 전, 한국학술진흥재단의 지원으로 3년간 베트남 하노이의 도시건축을 조사할 기회가 있었다. 5개 학교 연구진이 참여한 꽤 큰 규모의 연구였다. 우리의 연구대상은 36거리로 알려져 있는 하노이 고도심의 변모양상이었는데, 이 지역은 옛 황성과 홍강 사이에 끼여 있어 황성에서 필요한 물자를 생산, 유통하는 시장으로 발전된 곳이었다. 지금은 옛 모습을 많이 잃었지만, 여전히 도시의 구성방식은 잔존하고 있는 유서 깊은 지역이다. 좁은 가로망들은 가로폭의 위계 없이 얽혀 있고 각 거리마다 출신지역과 업종을 공유하는 길드 조직이 상권을 장악하고 있었다. 가로의 끝에는 문이 있어 폐쇄적이고도 연대감이 강한 공동체를 형성하였고 각 건물들은 좁고 긴 형상의 대지 위에 정연하게 놓여 있었다. 수십 년 전의 사진을 보면, 이 건물들은 단층의 목구조에 경사지붕을 얹은 집들이었다. 건물의 폭은 3m 내외이고 길이는 심지어 100m가 넘는 경우도 있었다. 예전 응우엔 왕조 시대에 가로에 면한 폭을 기준으로 세금을 책정했던 경험과 황제의 행차를 위에서 내려다보지 못하도록 1층으로 제한하였던 정책에 의해 만들어진 형상이었다. 각 건물의 1층 가로면은 상가로 사용되고 그 후면으로 공방과 창고가 있었다. 그리고 나머지 공간은 주거용으로 사용되었기에 지금처럼 주거지역, 상업지역 등 용도에 의해 도시를 평면적으로 분할하는 방식이 아니라 일대의 모든 가로가 동일한 방식의 건물이 세워지는 형태였다. 물론 이 지역도 근대기를 거치면서 많은 변화를 겪었기에 옛 모습을 그대로 갖고 있지는 않다. 서양식의 건물 입면이 가로를 채워 나가기 시작하였고 4층이나 6층에 이르는 미니 호텔과 주택들이 이전의 풍경을 바꾸어 놓았다. 그렇지만 이 도시를 구성했던 방식, 좁은 대지에 긴 형상의 건축물을 놓는 형태는 그대로 유지되고 있었으며, 이것이 이 도시를 특색 있게 만드는 강력한 요소로 작용하고 있었다.

3년간의 하노이 연구에서 느꼈던 것은 도시는, 그리고 그 속의 건축은 계획의 대상이기보다는 누적되어 온 역사의 결과물일 수밖에 없다는 점이었다. 그래서 도시를 다루는 방법은 항상 다르다. "하노이를 보면 70년대의 서울이 생각난다. 하지만 그들은 70년대의 서울 같은 공간에서 핸드폰을 들고 다니고 있다."는 어느 건축가의 말처럼, 특정 지역, 특정 시대의 도시는 그 나름의 역사와 해법을 갖고 있다. 서양의 건축가들에 의해 그려진 21세기 하노이의 청사진은 첨단의 도시이다. 그런데 현장에서는 지금도 옛 방식대로 땅을 사용하면서 전통적인 기법에서 크게 벗어나지 않은 기술로 건물을 짓고 있다. 하노이건축연구원에서 설계한 항박51번지의 집은 2000년경의 새로운 건축물이지만 옛 집들처럼 긴 복도와 중정, 다락으로 구성된 NhaOng이다. 일본의 건축역사가들도 이 도시를 공부하면서 그들이 오랫동안 사용해 온 건축이휘들로 새로운 건물을 설계하는 시도를 하기도 하였다.

하노이의 옛 모습을 참조할 수 있는 도시는 중부의 호이안이다. 옛 하노이에 대한 호기심으로 멀리 떨어진 호이안을 방문하였을 때, 건축역사가들은 그들이 갖고 있는 판타지를 그대로 확인할 수 있었다. 옛 사진에서 보았던 하노이의 모습과 같은 풍경이 현실로 눈앞에 펼쳐졌고 그 골목들과 집들을 보면서 역사경관의 보존에 대해 흥분된 토론을 진행해 보기도 하였다. 그러나 단 이틀만에 호이안은 흥미롭지 않은 도시가 되었다. 호이안은 민속촌이나 다름없었기 때문이다. 호이안이 옛 모습-이라고 믿어지는-을 갖고 있는 것은 관광을 위한 보존정책과 관련된다. 물론 이 정책은 유효하다. 보존을 통해 다른 도시들이 유지하지 못하는 경관을 한 곳에서라도 유지하게 하는 것은 국가 전체로 보면 적절한 선택이다. 하지만 호이안은 관광이 아니면 살아남기 어려운 기형적인 도시가 되어 가고 있었다. 하노이의 경관이 예전의 모습을 대부분 잃었지만 훨씬 더 많은 관광객이 찾는 것은 하노이가 수도이기 때문이기도 하지만 그곳이 살아 있는 도시공간이기 때문이기도 하다. 보존보다는 점진적 발전을 선택한 하노이가 분명히 우리에겐 더 중요한 참조점이 되는 것은 그래서이다. 하지만 지금의 하노이도 호아인과 똑같은 고민을 하고 있다. 36거리에도 개발의 바람이 들고 있어서 이 경관을 어떤 식으로 관리하여야 할 것인가가 그들의 과제이다. 정체성을 잃지 않으면서도 시대의 변화에 대응할 수 있는 방식이 선택되길 기대하는 것은 나만의 생각이 아닐 것이다. 우리의 도시들은 어떠해야 할까. 서울, 대구, 부산, 대전… 이들 도시는 각각 어떤 방식으로 스스로의 정체성과 발전의 전략을 공존시킬 것인가가 우리에게도 피할 수 없는 과제인 것이다.

4. 한국건축 전통논의의 성격

언젠가 서울의 오래된 사진첩을 본 일이 있었다. 그중 1974년의 만리동, 공덕동 일대 사진은 많은 생각을 하게 하는 계기를 마련해 주었다. 대로를 따라 펼쳐진 한옥의 지붕들, 그리고 그 앞을 막아서고 있는 미관벽 때문이었다. 당시의 행정가들은 오래된 한옥을 외부인의 시선으로부터 가리고 싶어 했었다. 지금의 관점으로는 그 한옥들이야말로 문화적 자산이며 관광의 핵심적 자원일 텐데, 당시의 시각은 그러하지 못했다. 반면 1954년 창덕궁 부근의 사진에는 한옥이 당당한 도시경관의 주인으로 가득했다. 짧은 시간 동안 사람들의 생각과 도시의 이상은 어떻게 변해 버린 것일까. 아마도 오늘날의 한옥이 갖고 있는 아이러니한 입장을 풀기 위해서는 이 시기를 들여다보지 않을 수 없을 것이다. 불과 100년만에 우리의 건축적 현실은 완전히 뒤바뀌었다. 서울만 보더라도 경복궁을 위시한 권위건축물들이 단층의 와가들 사이로 드물게 솟아 도시의 경관을 지배하였던 것이 불과 100년 전의 일이다. 600년 전, 인구 10만의 도시로 만들어졌던 한양은 지금 그 면적이나 인구 수, 건축물의 높이와 밀도 등 모든 면에서 예전의 흔적을 찾기 어렵다. 적어도 건축의 가장 중요한 요소가 형태라면, 더 이상 전통의 일상적 존재를 이야기하기는 어려워 보인다. 근대시기 자생성의 미약함은 결국 전통의 문제를 계승, 혹은 복원해야 할 대상으로 인식하게 만든 셈이다. 복원해야 할 대상으로서 전통을 논하는 순간, 스스로 우리 역사가 단절되어 있다는 전제를 성립시켜 버리는 것이다. 더욱이 그러한 전통은 스스로의 발전논리를 탈각당해 버리고 만다는 점에서 고정된 이미지만 남기게 된다.

건축에 있어서 전통이라는 단어가 의제로 떠오른 것은 1960년대 말 국립종합박물관과 부여박물관 논쟁이 기점이었다. 1966년 1월, 문화재관리국은 설계경기를 통해 국립종합박물관을 건설하기로 결정하였는데, 주목되는 것은 당시의 설계지침이다. "건물외형은 지상 5층 내지 6층, 지하 1층 건물로 그 자체가 어떤 문화재의 외형을 모방한 것으로 콤포지션 및 질감이 그대로 나타나게 할 것이며 여러 동의 조화된 문화재 건축을 모방해도 좋음"이라는 조건이 그것이다. 결과적으로 이 선물은 불국사의 청운교, 백운교를 기단부의 형태적 모티프로 활용하고 그 상부에 법주사 팔상전, 금산사 미륵전, 화엄사 각황전 등 '저명한' 건축물들을 조합해 놓은 형태로 완성되었다. 건축계 내에서는 UIA 규정에 의거해 설계경기방식에 강력하게 문제를 제기하였고 많은 건축가들이 경기 자체를 보이콧하였다. 특히 당시 유행하던 모더니즘 계열의 건축가들은 결과물에 대해서 신랄한 비판을 가하였다. 국립종합박물관 설계경기에 관련된 논란은 결국 정부에 의해 제기된 전통해석으로부터 촉발된 것이었다. 당시 정부는 콘크리트를 사용한 광화문의 복원, 능동 어린이회관의 건립, 아산 현충사 건립, 화랑교육원 설계 등을 통해 꾸준히 콘크리트를 사용하여 전통 건축물의 형태를 직설적으로 인용한 시설을 만들어 왔다. 콘크리트로 번안된 전통 건축물은 형태를 우선으로 생각하는 전통계승 개념에 기반하고 있다. 이들 시설이 서로 상이한 기능을 담고 있다는 점, 그러면서도 일상적 생활과 결부된 시설은 존재하지 않는다는 점은 시사하는 바가 있다. 기와지붕, 목조 기둥, 공포 등으로 대표되는 전통적 형태는 1960년대 말에서 1970년대 초에 이르는 이 시기에 이미 보편적인 건축어휘가 아니었다. 그럼에도 불구하고 전통건축의 형태를 사용하도록 '강요'받을 수밖에 없었던 것은 일반적이지 않은 어휘가 갖고 있는 이질성 때문이다. 모더니즘의 도입 초기를 되돌아보면, 모더니즘 건축이 갖고 있는 합리성에 대한 추구의 한편으로 선진성의 이미지 그 자체를 목적으로 사용된 사례를 찾아볼 수 있다. 예를 들어, 1915년의 조선물산공진회와 1929년의 조선박람회의 경우 일본의 지역관들은 대체로 모더니즘 계열의 전시장을 만들었던 반면, 조선, 대만 등의 지역관들은 전통적인 형태를 차용하였다. 이때에는 모더니즘 건축의 생소함이 서구화, 근대화의 상징으로 활용되었던 것이다. 동일한 맥락에서 1970년을 전후한 당시의 전통건축 형태의 사용은 단절된 전통건축 형태의 비일상성을 '민족주의', '국가주의'의 도구로 활용한 것이라고 할 수 있다.

부여박물관에 관한 전통 논쟁은 국립종합박물관과는 상이한 양상을 띤다. 김수근은 국립종합박물관에서와 같은 직설적 형태 차용을 수단으로 선택하지는 않았으며, 오히려 추상화된 형태 어휘를 활용함으로써 전통의 문제에 접근한 것으로 보인다. 부여박물관 논쟁은 1967년 8월 19일자 동아일보 사회면에 실린 "부여박물관 건축양식에 말썽–일본 신사같다"는 기사로부터 시작되었다. 21일자 사설은 "부여박물관의 양식시비"라는 제목으로 이 논의를 이어 갔고, 24일자 문화면에는 김철준의 "신축 부여박물관의 양식", 26일자 문화면에는 홍이변의 "부여박물관과 일제시대 신사문제"가 실린 바 있다. 이들 기사는 대체로 식민지 시대의 아픈 기억과 부여박물관의 형태 문제를 결부시켜 혹독한 비판을 가한 것이었다. 이어 건축계에서의 논평이 등장하였다. 9월 2일자 동아일보 문화면에는 김중업의 "妄擧 부여 박물관 설계도를 보고"라는 기사가 실렸는데 그 내용은 역시 신사의 신전과 닮아 있다는 것이었다. 5일자 문화면에는 설계자인 김수근의 변이 실렸고, 이틀 후에는 건축가 이천승이 김수근에게 문제 해결을 위한 대책을 요구하였다. 9월 들어 동아일보 외에도 중앙일보, 주간한국, 조선일보, 한국일보, 서울신문 등이 이 논란에 참여하여 부여박물관의 문제는 사학계나 건축계만의 문제만이 아니라 사회 일반의 핵심적인 이슈로 떠오르게 되었다. 사회 일반으로부터 논의가 시작되었다는 점, 여론의 질타에도 불구하고 건축계가 설계자의 입장을 상당 부분 인정하였다는 점 등에서 부여박물관 논쟁은 국립종합박물관의 경우와는 다르다. 일반의 입장에서는 우리 사회의 아킬레스건인 왜색의 문제로 치부되었지만, 부여박물관 논쟁을 통해 건축계는 전통계승의 문제를 보다 발전적으로 고민할 수 있게 되었다. 또한 건축문화가 공론의 장으로 이끌어져 나올 수 있었다는 점 역시 긍정적인 측면으로 평가된다.

1960년대 말의 국립종합박물관과 부여박물관 설계는 분명히 건축에서의 전통논의를 촉발시킨 계기였다. 이 두 논쟁 사례가 건축계와 사회 전반에 걸쳐 건축의 전통문제를 고민하도록 만든 점은 분명히 순기능적인 측면이다. 하지만 한편으로는 전통문제의 핵심을 형태적인 문제로 귀착시켰다는 점과, 더욱이 앞으로의 논의에서 형태적인 문제를 배제하도록 하였다는 점은 아이러니한 측면이다. 찬반을 떠나서, 1960년대를 통해 건축에서의 전통논의는 형태적인 것으로 일단 압축되었다. 형태중심 논의로 대표되는 1960~1970년대 전통논의의 중요한 문제는 애초의 출발점이 건축계 내부의 필요성과는 상관없이 형성되었다는 것이다. 국립종합박물관 논쟁은 정부의 설계지침과 이에 대한 건축계의 대응이라는 형국으로 진행되었고 부여박물관 논쟁은 여론의 질타로 시작되어 건축계의 중재로 마무리되었다. 말하자면 건축계는 이들 논쟁에서 수동적인 입장을 견지하고 있었다. 김봉렬은 이 문제에 대해 "전통계승의 문제는 건축계 내부의 절실한 필요성과 이론적 탐색이 축적된 결과로 표출된 것이 아니었다 …… 전통문제가 발전적 매듭을 짓지 못한 이유도 출발 자체의 타율성과 비건축적 태도에 기인한다. 모더니즘을 국제주의 양식으로 인식했던 무비판성, 그리고 그 반발로서의 전통성 추구는 다분히 수동적이며 모더니즘 자체의 보편성까지를 부정하게 된다."고 논평한 바 있다. 특히 모더니즘에 대한 반발로서의 전통성 추구가 모더니즘의 보편성까지 부정하게 만들었다는 지적은 주목할 만하다. 다시 말하면 '건축의 전통'이라는 다소 포괄적인 어휘를 규정해 가는 진지한 논의과정이 생략됨과 동시에 전통의 규정과정에 타자에 대한 상대성이 지나치게 개입되었다는 점이 그것이다. 이 과정에서 생활방법, 공간감, 재료, 자연관, 집단의 기억 등 수많은 건축적 논의가 간과되었고, 형태의 문제에 있어서도 전통을 유동적이고 발전논리를 갖는 대상으로서가 아니라 고정된 이미지로 차용하였다는 점은 오랫동안 부정적 영향을 미치게 되었다. 또한 이 당시 형태적 전통차용의 대상이 주로 비일상적인 기념비적 건축에 한정되었다는 점에서 앞서 거론한 바와 같이 형태의 차용 문제가 현실적 요구로부터 발생한 것이 아니라 민족과 국가라는 거대 담론을 담아내어야 하는 '형태적 아이콘'으로 활용되기 위함이었음은 명백한 한계로 지적될 만하다. 형태에 관한 문제로 이 논의가 귀결되면서 발생한 또 하나의 문제는 건축행위의 본질적 구성요소 중의 하나인 '사용자'가 배제되었다는 것이다. 전통적인 건축물을 사용하면서 부딪치는 현실적인 문제를 해결하는 과정은 전통계승의 문제를 점진적 개선의 과정으로 이해할 단초를 제공한다. 하지만 타율적 근대화의 과정에서 이미 단절되어 버린 것처럼 보이는 전통은 계승이나 개선이 아닌 회복의 대상이 되어 버렸다. 전통의 회복이 마치 당위성을 갖는 것인 양 취급되거나 혹은 그 반대의 입장에서 전통 무용론을 주장하게 되었다는 상황은 상당히 아쉽다.

5. 현대의 한옥: 지속되어야 할 전통

모더니즘 건축의 타자화를 통한 고정적 전통 이미지에의 집착이나 당위론적 전통계승의 논의는 결국 이전 시기까지의, 또는 당시에도 미약하게나마 지속되고 있었던 다양한 시각들을 부차적인 것으로 치부하게 만들었다는 문제점을 안고 있다. '전통논의'라는 범주 속에서 진행되어 온 것은 아니었지만, 근대 초기부터 이미 전통적인 생활 혹은 건축기법과 근대의 새로운 요구 사이의 간극을 어떻게 조율할 것인가에 관한 자생적인 논의과정이 존재한다. 강화성공회성당, 근대기 주택개량운동 등은 주목할 만하다. 형태적 결과물의 전통성 여부와 상관없이, 지속성을 전제한 전통에 관한 논의는 내재적 발전논리를 갖고 있었다. 당시의 이러한 논의는 어떠한 방식으로 이어지고 있을까? 북촌으로 대표되는 도시지역의 근대 한옥건축은 좋은 사례가 된다. 보통 '도시형 한옥'으로 일컬어지는 이들 주택은 1920~1930년대 급격한 경성부 인구증가에 따른 주택난을 해소하는 과정에서 등장한 것이었다. 중대규모의 필지개발과 병행하며 도시형 한옥은 도시민의 중요한 생활터전이 되었다. 특히 다른 구조의 주거용 건물보다 건축비가 낮았던 점이 도시형 한옥의 확산에 주된 바탕이 되었지만 온돌의 사용, 마당의 확보 등 익숙한 주거유형이라는 점 역시 간과할 수 없는 이유이다. 도시형 한옥은 그 바탕을 전통적인 한옥에 두고 있지만 상당히 많은 차이가 있다. 우선 도시의 과밀한 부지조건에 대응하기 위해 건물 주변부의 마당과 담장을 없애고 건물의 벽이 바로 대지경계선까지 확장되었다. 외부공간에 할애되는 면적은 중정으로 집중하여 공간의 효율을 크게 높였다. 입면의 구성에서도 창방선을 통일한다거나, 유리를 사용하여 실내공간의 단열 및 채광 성능을 크게 향상시켰다. 평면상으로도 부재의 규격화가 점진적으로 진행되었고 따라서 각 칸의 규모 역시 정연한 모듈의 체계를 따르는 경향을 보인다. 세부적으로는 붙장창의 사용, 마루밑 공간의 수납공간화 등 좁은 대지를 충실하게 활용하면서 주거에 대한 다양한 요구들을 수용하는 과정이 내포되어 있다. ㄷ자 또는 ㅁ자형의 도시형 한옥 이외에도 H자형 등 새로운 형식의 탐색이나 중층으로 밀도를 높이는 등의 접근 역시 존재하고 있어 주거시설에 관한 전통적 생활방식과 건축기술의 점진적 변화는 곳곳에서 관찰되는 바이다. 더욱이, 현대사회의 대표적인 주거형식인 아파트에서도 동일한 맥락의 지속성이 발견된다는 점은 주목해야 하는 사실이다. 아파트가 전 세계적인 보편성을 갖는 고밀도 주거임에도 불구하고 우리나라의 아파트 계획은 독자성을 지니고 있다. 가까운 지역인 중국, 일본의 아파트와 우리나라의 사례를 비교해 보면 공간구성상의 특징이 잘 드러난다. 최소규모의 아파트 평면에서는 부엌의 위치 등에서 차이가 있을 뿐이지만 규모의 확장에 따라 선택되는 평면 구성의 변화양상은 크게 다르다. 특히 일본의 아파트는 종방향의 확장인 반면 우리나라의 아파트는 전면 bay의 수가 확장된다는 차이가 뚜렷하다. 이는 일본의 아파트가 마찌야의 공간구성을 닮은 것과 마찬가지로 우리의 아파트가 남향을 선호하는 오랜 관습, 횡방향의 확장 경향을 갖는 한옥의 구성수법, 마루 혹은 마당 중심의 동선 배분 등 전통적인 주거형태의 영향을 받았기 때문으로 해석된다.

전통이라는 것은 지속성을 전제로 하는 한 항상 변화의 여지를 갖고 있다. 전통은 만들어져 있는 것이 아니라 점진적으로 이루어져 온 것이기 때문이다. '과거'와는 다른 '전통'은 일시적, 부분적으로 존재하였던 것이 아니라 사회 전체가 지니고 있는 모습 자체이다. 변화의 방향을 결정하는 것은 현실의 문제이다. 건축에 있어서라면 더 나은 공간 사용의 요구, 미의 추구, 경제적 합리 등 다양한 문제의 합의점으로서 변화가 결정된다. 말하자면 변화는 자연스러운 것이다. 북촌 일대의 한옥들은 1983년 서울시의 한옥보존정책에 의해 유지되고 있었으나 강압적인 규제는 점진적 개선을 통한 전통 보존의 가능성을 소멸시키면서 지역주민의 불만을 가중시켰다. 1991년의 한옥보존지구 및 건축기준 고시를 철폐한 것은 한옥보존에서 지구 환경보존으로 목표를 확대 설정하고 일정한 건축기준과 주민의 마을관리 아래 북촌을 우수 주거지로 되살아나도록 유도하기 위한 것이었다. 보존 희망가구에 대하여 개수 보조금 지급 및 재산세 감면 등의 지원책을 통해 자발적인 보존을 꾀하는 것이었지만, 서울의 높은 지가는 이 일대를 다세대, 다가구 주택의 난립으로 몰아갔다. 최근 건축가들이 북촌의 한옥을 리모델링하는 작업은 좋은 돌파구이다. 이는 첫째로 한옥이 가진 장점을 현대적으로 재해석하여 사용자들로 하여금 감내하도록 하는 한옥 생활이 아니라 기꺼이 살고 싶은 집의 모델을 제공해 줄 수 있다는 점에서 지속적이고 점진적인 전통 접근방법으로 평가된다. 한옥을 버리고 아파트로 옮겨 가는 것은 한옥은 불편하다는 인식과 더불어 개선보다는 폐기가 더욱 손쉬운 방법으로 선택되었던 탓이며, 전통과 현대를 연속적인 선에서 이해하지 않아 온 종래의 분위기 때문이기도 하다.

형태는 건축의 가장 중요한 논제임에도 불구하고 이때의 논의구조는 상당한 문제를 내포하고 있었음을 살펴보았다. 전통논의의 한 축을 이루는 형태논의는 필요성과 일상성으로 보완되어야 한다. 건축의 전통계승 문제는 다면성을 띠고 있기 때문이다. 전통에 관한 논의는 왜 필요할까? 건축의 전통을 이야기하는 것은 빠른 속도로 변화하는 건축의 형태가 그 속에 담겨야 할 생활방식과 불협화음을 일으킬 것이라는, 그리고 무국적의 보편성만을 지나치게 강조하는 경향에 대한 우려 때문이다. 하지만 전통의 고집 혹은 무리한 복원 또한 긍정적이지 않다. 점진적인 변화를 전제로 하는 '지속성'을 유지하지 못한다면 이미 그것은 전통이라고 말할 수 없다. 전통계승을 당위적 과제로 받아들이는 것 역시 감내하여야 하는 괴로움을 안겨 줄 뿐이기 때문이다. 전통적 기술, 생활방식, 기능, 재료 등 가치 있는 것들에 장기적 지속성을 부여하는 작업이 유지되어야 한다. 요컨대 전통의 문제는 열린 지평 속에서 이해되어야 할 것이다. 전통계승의 논의를 하나의 결론으로 압축하려는 것은 문제의 본질을 왜곡하는 일이다. 오히려 최대한의 다양성을 확보하는 것이야말로 정당한 방법론이라 할 수 있으며 그 속에서 놓치지 말아야 할 것은 "왜 전통을 이야기하는가?"에 대한 지속적인 의문이다. 현대라는 시대에 과거의 어느 순간을 가지고 오려는 것이 아니라, 지속되고 있는 전통을 현대화하려는 노력이 오히려 올바른 접근태도일 것이다.

| 감상문 |

도시건축: 전통과 현대

김재필(응용화학과)

1. 살고 싶은, 즐기고 싶은 건축

인간의 기본 생활양식인 의식주 중 우리나라에서 의복이 가지는 특징은 일상적이거나 기념비이다. 과거 일상적으로 입던 옷이 이제는 특별한 날을 기념하는 한복이 되었다. 반면 식생활은 일상적으로 한식을 먹으나 특별한 날에는 양식을 먹는다. 우리나라는 가장 좋은 아파트를 가장 잘 만드는 나라로 널리 알려져 있다. 건축가 서승모의 작업실을 사진으로 보았다. 깔끔하고 심플한 느낌이었다. 이것은 한옥을 개조해서 만든 집이었다.

2. 건축의 본질과 우리 건축의 지역성

근대라는 상황은 그 어느 시대보다 변화의 폭과 깊이가 컸다. 기술의 질적인 발전은 건축을 위시한 각 예술에게 운신의 폭을 넓혀주었다. 건축은 시대성, 지역성, 구축성 이 세 가지 범주의 교집합이다. 현상적으로 근대는 건축가에게 위의 범주들 중 하나를 선택하도록 강요하고 있는 듯하다. 이것은 현대성, 즉 시대성으로 굳어져 가고 있다.

그렇다면 우리가 가지고 있는 지역성에 대해 살펴보자. 자연환경을 소유하는 모습을 보자. 일본은 마당에 섬을 모형화하고, 빗자루로 쓸 때 물결로 인식하는 등 자연을 본떠 인공적으로 만듦을 알 수 있다. 중국은 정원을 만들어 자연을 벗삼는다. 자연을 그대로 즐기는 것이다. 우리나라는 이 두 가지를 합친 것으로서 자연환경에 순응하려 하는 모습을 볼 수 있다. 마을과 살림집을 보자. 중국은 폐쇄적이다. 따라서 담이 아주 높다. 일본은 다다미를 깔아서 사용한다. 반면 우리나라는 방안에 온돌을 깐다. 이러한 지역성은 굉장히 많은 부분에서 나타나는데, 근대를 거치면서 많이 사라지게 되었다.

3. 하노이 36거리 NhaOng의 교훈

어떤 도시를 만들어 낼 것인가? 도시와 건축을 계획하는 '이론', 도시와 건축을 누적하는 '역사'도시를 다루는 방법은 항상 달라야 한다. 도시와 건축은 관리하는 것이다. 밀어버리고 새로 짓는 것이 전부가 아니다. "하노이를 보면 70년대 서울이 느껴진다. 하지만 그들은 70년대의 서울 같은 공간에서 핸드폰을 들고 다니고 있다." 교수님의 말이다.

기능이 치환되거나 혹은 다른 기능에 의해 침투되거나 소멸되기도 한다. 그러나 땅과 건축을 다루는 기본적인 태도는 꾸준히 지속되고 있으며 이것은 곧 거주의식과 도시경관의 지속으로 이어진다. 하노이는 많은 것들이 변했다. 계속 개발이 이루어지고 있고 변화가 이루어지고 있지만 땅을 다루는 태도들이 지속되는 점을 동시에 가지는 생동감 있는 곳이다.

4. 한국 전통 건축의 성격

1974년 만리동, 공덕동 일대에 미관벽으로 한옥을 가린 모습을 사진으로 보았다. 한옥을 외국인에게 보여 주고 싶지 않다는 이데올로기가 존재하던 시대이다. 1954년 와룡동 일대는 가득찬 한옥의 모습을 볼 수 있는데, 이는 1974년과 대비된다.

전통적 기술, 생활방식, 기능, 재료 등 가치 있는 것들에 장기적 지속성을 부여하는 작업이 유지되어야 한다. 요컨대, 전통의 문제는 열린 지평 속에서 이해되어야 할 것이다. 전통계승의 논의를 하나의 결론으로 압축하는 것은 문제의 본질을 왜곡하는 일이다. 오히려 최대한의 다양성을 확보하는 것이야말로 정당한 방법론이라 할 수 있으며, 그 속에서 놓치지 말아야 할 것은 왜 전통을 이야기하는가에 대한 지속적인 의문이다.

| 열한 번째 강의 |

몸과 문화

심현정(대구여성환경연대)

세계보건기구는 1986년 오타와에서 열린 건강증진에 관한 제1차 국제회의에서 건강증진을 '사람들이 건강에 대한 관리 능력을 높이고 자신의 건강을 향상시킬 수 있게 하는 과정'으로 정의하였다. 건강은 '육체적－정신적－사회적 안녕 상태'만을 나타내는 것이 아니라 '영적'으로 안녕한 상태라고 하여 건강의 개념을 생물학적 실증주의적 개념을 넘어선, 보편적 존재조건을 포괄하는 실존적 당위의 개념으로 확대하였다.

질병과 건강을 이분법적으로 구분하여 건강은 질병과의 싸움에서 승리하여 쟁취할 수 있는 전리품이 아니라 질병을 포함한 삶의 전반적 적응의 문제로 건강은 고정된 이상적인 상태가 아니라 역동적 변화의 과정이며, '있음'이 아니라 '되어감', 즉 자신이 자신의 몸을 어떻게 보살피고 돌보는 과정으로의 의미로 확장되어 가고 있다.

이제까지 건강을 위협하는 질병과 싸워 온 세균학 중심의 서양의료 페러다임이 변화하고 있으며 인간의 몸에 대한 이해와 성찰이 근대과학을 넘어 새로운 관점과 만나고 있음을 알 수 있다. 하지만 아직까지 몸의 계량화에 따른 혈압이 얼마다, 당뇨가 얼마다라는 수치로 자신의 몸 상태를 결정하고 전문가의 결정에 자신의 몸을 전적으로 맡기는 우리 사회의 만연한 모습에서 건강이라는 과잉관심에 비해 건강하기 위한 '과정'인 자신의 몸을 어떻게 돌보고 보살펴야 하는지에 대한 관심과 실천은 빈약한 편임을 알 수 있다. 또한 의료전문영역은 성역화되어 가고 있으며, 이미 건강의 정의를 영적으로까지 확대한 세계보건기구의 변화에도 불구하고 의료테크놀로지 중심의 더 좋은 기계장비와 기술 향상에 대한 관심만큼 '몸'에 미치는 다양한 요인에 대한 성찰적 접근의 필요성은 주목하고 있지 않은 실정이다. 친지들의 병문안을 갔을 때 병원 안과 밖에 둘러싸인 패스트푸드점과 빵집, 다른 우리 몸에 미치는 좋지 않은 문화의 밀집된 상황을 보면 '병 주고 약 주고'라는 말이 생각난다.

우리 몸은 결국 우리가 무엇을 먹는가에 따라 만들어진다고 할 수 있다. 우리는 매일 먹지 않고서는 살아갈 수 없기 때문에 결국 삶에서 가장 일상적이지만 중요한 것이 아닌가 한다. 병든(病) 음식(品)을 산(山)처럼 먹어야 걸릴 수 있는 병이 암(癌)라는 것을 보면 먹거리는 건강에 있어 가장 중요하다.

주위를 보면 인간의 평균 수명은 늘어났지만, 만성질환자들이 의외로 많다. 건강이라는 것이 단지 수명의 연장으로 바라봐야 할 문제가 아니라 삶에 있어서 얼마나 질적인 삶을 살았는가의 문제로 봐야 할 것이다.

요즘 금연 등 건강을 챙기는 바람이 불기는 한다. 건강에 대한 관심이 높아 소비자 영역에서도 건강보조식품에 대한 소비자 피해 상담이 늘어나고 있는 추세이다. 가만히 들여다보면 지금 일고 있는 건강바람이 긍정적인 면도 많지만, 상업자본과 결합한 소비주의를 조장하거나 의료나 약에 의존하는 면도 적지 않다. 건강에서 가장 중요한 것은 셀프케어, 즉 자신을 돌보는 것이 아닌가 한다. 이 말은 일상에서의 생활습관이 건강에 가장 중요한 요소로 결국 안전한 먹거리, 적당한 수면, 규칙적인 운동이 중요함을 의미한다.

여기에 환경문제가 건강에 미치는 영향이 날로 증대되면서, 과학전문지인 사이언스에 의하면 전 세계적으로 대기오염에 의한 사망자가 교통사고로 인한 사망자보다 더 많다고 한다. 결국 환경과 건강의 문제는 사회적 영역의 개선과 개인 차원의 노력이 같이 가야만 지켜질 수 있다고 볼 수 있다.

지구시장화에 따라 날로 심각해지는 환경문제의 이면에는 자원의 효율적 개발이라는 명분과 단일체계에 의한 유통시스템으로 인해 지역단위의 자립적 경제와 생활 양식이 붕괴되고 있다. 이런 삶의 터전에 대한 파괴는 환경적으로 민감한 여성과 어린이들의 건강에 심각한 위협이 된다. 세계보건기구(WHO)마저도 우리가 지금과 같은 속도로 계속 개발의 논리만 주장해 간다면 '인간의 정자 수는 감소 중인데, 60년 후쯤에 태어난 아이는 모두가 생식능력을 잃게 될 것이다.'라고 전망했다.

1. 세계화 시대, 식품오염 또한 세계화

중세시대에는 식당에서 상한 음식을 먹은 후 토하거나 고통을 당하는 사람이 그 자리에 있었던 손님에 국한되었지만, 오늘날의 오염원은 매우 다양하고 전파 속도도 빨라지고 있다. '위험의 세계화'를 통하여 역사상 처음으로 식생활의 새로운 위험이 우리 모두를 위협하게 되었다. 산업화는 유해성분이나 병균을 통한 위협 등 온갖 위험까지 민주화하는 데 기여한 셈이다. 현대화의 위험은 누구에게나 다가가며 '부유층과 권력층도 그로부터 안전할 수 없다.'라고 위험 전문가 울리히 벡은 말하고 있다. 영국에서 시작된 광우병이 유럽을 거쳐 일본까지 번져 오고, 납이 든 수산물, 방사능 쏘인 감자, 벨기에산 다이옥신 돼지고기 등 우리의 밥상은 늘 불안하다.

수입밀에 의해 우리밀은 설 자리를 잃고, 지난 10년 사이 우리 국민 1인당 쌀 소비량이 22%나 줄어드는 급격한 식생활의 변화를 겪고 있다. 풍년이 되어 쌀값이 폭락하는 이런 상황에서 농민들의 고통은 늘어만 가고 있는데, 그 원인 중의 하나가 매년 급속하게 줄어드는 쌀소비 때문이다. 밥 대신 빵과 패스트푸드가 그 자리를 메우고 있는 실정이다.

하지만 수입밀은 먼 거리를 이동해 오므로, 자국 내에서는 금지된 위험한 포스트 하비스트를 치며, 20여 종 이상의 농약이 검사에서 나오고 있는 실정이다. 계명문화대학 식품과학과에서 4주간 실험용 쥐를 대상으로 우리밀과 수입밀의 밀가루를 먹인 결과, 수입밀을 먹인 쥐는 머리에서 목부분까지 털이 빠져 흉측한 모습을 하고 있었다. 이렇듯 먼 거리를 이동해 오는 것은 지역의 농산물보다 유통기간이 오래 걸리므로 방부제와 약품처리에 의존하지 않을 수 없다. 유럽은 광우병을 겪고 농업과 축산업 정책에서 큰 변화를 모색, 근거리 유기농으로, 소규모 축산으로 정책을 바꾸었다. 결국 지역의 먹거리가 일차적으로 가장 안전하다고 볼 수 있다.

2. 왜 동물성 식품은 자제되어야만 하는가?

몇십 년 전까지만 해도 가난한 시절 영양이 부족해서, 빠른 생리의 시작은 영양이 충분한 아이들이 누리는 혜택처럼 인식되었다. 요즘 애들은 영양이 좋아 생리가 빨리 시작된다는 말을 들어 보았을 것이다. 그리고 그런 이야기를 아이에게 충분한 영양을 공급해 준다는 의미로 자랑삼아 이야기하는 엄마들도 종종 볼 수 있다. '롱다리', 크고 빨리, 성장 신화에 가리워져 있는 심각한 부작용은 이제 우리의 일상을 위협하는 수위에 다다랐다.

몇 년 전 푸에르토리코에 미국 플로리다산 닭고기를 먹은 후 생후 7개월 된 아기의 젖가슴이 부풀어오르고, 20개월만에 음모가 생기고, 3~6세에 월경을 하는 등 비정상적인 조숙 현상을 보이는 어린이가 2천 명이나 발생하였다. 사고 발단의 문제는 미국산 닭고기였다. 아이들이 먹은 닭고기에는 여성 호르몬인 에스트로겐이 다량 함유되어 있었다. 에스트로겐은 가축이나 가금류의 성장촉진제로 사용되고 있는데 이 호르몬을 먹으면 빠른 성장을 해 사료비와 인건비를 절감할 수 있어 많이 사용한다. 결국 닭이 먹은 호르몬이 아이들에게 그대로 옮겨진 것이 소와 돼지 등 우리 밥상에 올라오는 다른 동물들 또한 별반 다를 바 없는 상태에서 항생제와 신경안정제가 포함된 사료를 먹을 수밖에 없는 것이다. 산업화 시대에 대량생산 체제 속에서 바로 우리가 생명을 생명으로 취급하지 않고 하루빨리 키워 시장에 다 내다 팔 상품으로밖에 인식하지 않았던 생명에 대한 태도가 이런 재앙을 불러온 것이다.

또한 육식 중심의 문화는 환경 파괴를 부추긴다. 육류의 사료로 지원하는 곡물을 1/3만 곡물생산으로 전환하여도 전 세계가 기아를 해소할 수 있다고 한다. 햄버거용 고기를 만드느라 지구의 허파인 열대우림 1/3 이상이 파괴되고, 소, 돼지의 오물량은 사람의 20배이며, 소가 배출하는 메탄은 이산화탄소보다 25배나 강한 온실기체이므로 수질오염과 지구온난화의 주범이기도 하다. 육류 섭취를 줄임으로써 인공호르몬과 화학약품들의 피해를 예방할 수 있을 뿐만 아니라 기상이변의 원인인 지구온난화도 극복할 수 있다.

3. 생명을 거세하는 유전자 조작 식품

유전자 조작은 한 종으로부터 유전자를 얻은 후에 다른 종에 삽입하는 기술을 말하는데, 쉽게 말해 식물인 콩에 동물의 유전자를 이식하여 벌레나 해충에 강한 새로운 유전자를 가진 콩을 만드는 것이다. 우리가 알고 있듯이 종과 종 사이에는 벽이 있어 교배가 일어날 수 없지만 인간의 인위적인 기술에 의해 새로운 생명체가 탄생하는 것이다. 이 같은 방식으로 새롭게 만들어진 생명체를 GMO(Genetically Modified Organism), 즉 유전자 조작 생물체라고 한다. 현재는 콩과 옥수수 등이 유전자 조작 농산물로 많이 재배되고 있는데, 식품으로 가공된 것을 유전자 조작 식품이라고 한다. 영국의 푸스차이 교수의 실험 결과를 보면, 유전자 조작 감자를 먹인 쥐의 장기가 축소되고, 면역력 저하와 뇌의 중량

감소 등이 나타났다고 한다.

또한 유전자 조작에 의한 대표적 피해 사례로는 1989년에 발생한 L-트립토판 사건이다. 쇼와텐코사는 필수 아미노산의 일종인 트립토판을 영양보조식품으로 미국에 수출하였다. 일본에서는 쇼와전공의 주주들에게 주주 우대 형태로 배포되었는데, L-트립트판을 먹은 사람들에게서 백혈구의 하나인 호산구가 증가하여 근육통, 호흡곤란, 기침, 사지부종이 일어나 악화되면 죽음에 이르는 호산구 증가 근육통증 증후군(EMS)이 발병한 것이다. 미국에서는 EMS로 인한 환자만 실제 1,543명에 달했고, 그중 38명이 이미 사망했으며, 약 6,000명 정도의 피해자가 더 있을 것으로 추정했다. 미국에서는 PL법(제조물 책임법)에 의해 1,000억 엔을 피해자에게 보상해 주었는데, 일본에서는 PL법 시행 이전의 사건이라 문병위로금 정도밖에 지불되지 못했고, 현재도 EMS로 고생하는 사람이 많다고 한다.

종자가 다음 해에는 싹이 트지 않도록 불임하는 유전자 조작 '터미네이터 기술', 자사의 농약을 뒤집어써야만 싹이 트는 유전자 조작 기술인 '트레이터 기술'들을 볼 때, 다국적 기업이 불임된 종자와 농약을 세트로 팔아 종자를 독점하려고 하는 경향도 보인다. 미국의 다국적 기업에 의해 생산되고 있는 유전자 조작 농산물의 대표격인 콩과 옥수수는 우리나라와 아시아 국가들의 식탁에서 중요한 부분을 차지하고 있으며, 된장, 간장, 두부, 식용유, 콩나물 등 일상에서 소비되고 있다. 대부분 동물의 사료로 사용되고 우리보다 월등히 소비량이 적은 유럽에서는 반대 운동이 불길처럼 확산되어 소비자들로부터 외면되고 있고, 각 정부들도 자국의 국민을 보호하는 조치로 몇몇 나라에서는 유전자 조작 식품의 생산과 유통을 엄격히 통제하고 금지하는데, 아직 우리는 유전자 조작 식품에 대한 정확한 인식조차 확산되지 않은 상황이다.

우리가 직면하고 있는 가장 큰 위협은 부도덕한 자본주의 세력들이 생명의 가장 내밀한 영역인 씨앗까지 상업화가 독점하려고 하는 것이다.

4. 교실붕괴의 원인은 식품첨가물

얼마 전 뉴스를 보다가 두려움으로 온몸이 전율하지 않을 수 없었다. 바로 중학생이 수업시간에 다른 반 친구를 칼로 난자한 사건을 보았기 때문이다.

많은 학자들이 교실붕괴의 원인을 식품첨가물과 인스턴트 식품에 두고 있다. 인스턴트와 가공식품을 만들 때 보존과 유통기한을 늘리고 색깔이나 맛, 모양을 좋게 하고 대량생산이 쉽도록 첨가하는 여러 가지 화학물질, 화학조미료, 방부제, 감미료, 착색제, 발색제, 산화방지제, 탈색제, 안정제 등 우리나라에서 허용되는 합성된 식품 첨가물의 수는 400종이 넘는다. 이런 식품첨가물은 발암물질로 판명된 것도 많고, 뇌신경을 자극하는 물질이기도 하다.

청소년이 매사에 의욕이 없어지고, 까닭없이 과격한 행동과 폭력을 휘두르는 증상을 흔히 'H-LD'증이라 한다. 1975년 미국상원에서 청소년의 폭력이 문제가 되자 한 연구팀이 조사에 나섰다. 연구팀이 특히 주목한 것은 황색 4호였는데, 그 후 추가실험 결과 황색 4호 등의 합성착색료가 몸 안에 들어가면 '메틸니트로소 효소'와 '에틸니트로 효소'라는 유해물질이 생기게 된다는 사실을 알게 되었다. 바로 이 물질이 인간의 뇌 가운데 뭔가 하고자 하는 의욕을 관장하는 '전두엽'에 상처를 입혀 의욕을 상실케 하는 것이다. 우리 몸에는 전두엽에 유해물질이 들어가는 것을 막는 검문소가 있는데 합성색소는 철분이나 효소와 어울려 쉽게 전두엽까지 침범해 들어간다. 이 때문에 검문소 기능이 제대로 발달되어 있지 않은 0~3세 유아에겐 더욱 치명적인 것으로 나타났다. 대부분의 '오렌지색 식음료'에는 황색 4호와 황색 5호가 들어간다고 한다. 특히 어린이 음료로 선전되고 있는 제티 바나나맛과 제티 레몬맛 속에는 합성 착색료인 황색 4호와 황색 5호가 나란히 들어가 있다. 그리고 대부분의 사탕에는 황색 4호, 황색 5호, 적색 2호, 청색 1호 등의 색소가 사용된다.

일본의 다무라 도요유키 씨는 콜라가 몸에 어떤 영향을 미치는지 알아보기 위해 쥐 두 마리로 실험을 했다. 2년 동안 한 마리에게는 물, 한 마리에게는 콜라를 주었는데 콜라를 마신 쥐는 뼈가 녹아 위턱과 아래턱 부분이 너덜너덜해졌다고 한다. 시원한 느낌을 주기 위해 콜라에 넣는 인산이 칼슘을 몸 밖으로 끌고 나오기 때문이다. 세계보건기구(WHO)는 칼슘 부족으로 인한 영양결핍의 증가가 전 세계적으로 심각하다고 한다.

오늘날 전체 어린이의 90%가 때때로 두통을 느끼며 일부 어린이는 편두통을 호소하기도 한다. 이것은 음식에 의한 부작용의 결과일 수도 있다. 아이가 가만히 있지 못하고 산만한 증세를 보이는 것도 마찬가지이다. 뮌헨의 소아신경정신과 전문의 요셉 에거는 인스턴트 식품과 알레르기 유발식품을 배제한 순수 식단으로 어린이 편두통 환자의 90%와 산만한 증세의 어린이 중 2/3를 수 주 내에 치료하는 효과를 얻었다. 또한 1998년 발표된 영국의 쉬플리 프로젝트는 비행 청소년들이 순수한 식단만으로 현저하게 정숙해지는 결과를 발표했다. 청소년들을 가장 불안하게 만드는 식품에는 초콜릿, 감자칩, 설탕, 우유, 밀가루 등이 속했다.

미국에서도 학교 내 총기 사건 후 조사한 결과에서 사고원인인 청소년 머리카락에 보통 아이들보다 현저하게 많은 납과 인산이 검출되었다. 인산은 유럽에서도 허가된 식품첨가물이다. 우리는 허가된 많은 독성물질을 섭취하고 있다.

5. 생명의 지속가능성을 위협하는 환경호르몬

'Endocrine Disruptor(ED)' 혹은 'Endocrine Disrupting Chemicals(EDC)'는 내분비장애물질, 내분비교란물질로 번역되지만 일반적으로 환경호르몬이라고 불리운다. 이는 한마디로 생물의 성장에 악영향을 미치는 화학물질이다.

환경호르몬이란 어느 날 갑자기 생겨난 물질이 아니다. 지금까지 다양하게 만들어진 수만 가지의 화학물질 중 일부가 인간이나 동물의 몸 속에서 호르몬과 같이 작용하여 진짜 호르몬의 기능을 빼앗아 버림으로써 생식, 면역, 신경계통에 나쁜 영향을 미치는 물질을 말한다. 농약, 계면활성제, 플라스틱의 원재료 등에서 여성 호르몬(에스트로겐)과 같은 작용을 하는 화학물질이고 food chain을 통해 동물과 인간에게 유입되어 호르몬과 같은 작용을 하여, 이미 설계되어 있는 성장 프로그램을 방해한다. 다이옥신은 유해폐기물 소각, 도시 쓰레기 소각, 제지 쓰레기 소각 등의 연소과정을 비롯해 금속제련, 담배연기, 자동차 배출가스 등에서도 상당량이 배출된다. 산업화의 진전과 다이옥신의 환경오염 영향은 정비례한다.

대표적인 환경호르몬인 다이옥신은 단 1g으로도 만여 명의 사람을 죽일 정도의 맹독성 화학물질로 청산가리의 1,000배 이상, 사린의 2배 이상 강한 독성을 가지고 있다. 세계 곳곳의 야생동물에게 나타나는 성기의 왜소화, 정자 수의 감소, 성비 교란, 사망률 증가 등 지구적인 차원에서 생물종의 멸종과 생태계 파괴로 이어짐을 경고하고 있다. 여성의 생명 내적 힘인 재생산을 불가능하게 하여, 유산방지용으로 많이 사용되는 합성호르몬 디에칠스틸벨스트롤(DES)가 유방암 등의 악성종양을 유발한다는 보고가 있으며, 동물실험에서 다이옥신의 노출이 자궁내막증을 증가시키고, DDT 등 환경호르몬의 영향으로 인한 유방암의 증가가 보고된다. 환경호르몬은 여성의 건강과 생명의 잉태를 파괴하는 독성을 가지고 있다.

미국의 환경연구그룹에서는 10세 미만의 어린이 4천만 명이 식생활에서 기준을 초과하는 발암성 농약성분에 노출되어 있다고 경고했다. 최근 38년 사이에 어린이 암발생률은 21.3% 증가했고, 매년 15세 미만의 어린이 중 8천 명이 암에 걸리고 있다. 1998년 인도의 국립번식연구소가 발표한 바에 따르면, 남성의 30%만이 정상적으로 발달한 정자를 가지고 있고, 유럽인들도 1940~1990년 동안 그들 정자의 약 50%를 상실했다. 또한 베를린 까리떼의 의사 귄터 되르너는 최근 50년간 난소 변형 질환이 4배나 증가했음을 발견했다. 이제 부인 일곱 명 중 한 명이 이 질환을 앓고 있다. 일상생활에서 먹거리와 관련된 환경호르몬을 유발하는 것에는 어떤 것이 있나 살펴보자.

1) 컵라면류(스틸렌 용기류)

스티로폼의 원료는 스틸렌으로써 스틸렌 제조공장에서 일하는 노동자의 생식기에 이상이 발견된 보고서가 있을 정도로 독성이 강하다. 환경호르몬 물질은 공통적으로 찬 물보다는 뜨거운 물, 뜨거운 물보다는 식초, 식초보다는 기름, 기름보다는 알콜에 잘 녹아나오는 성질을 가지고 있다. 그런데 컵라면의 내용물인 면과 스프 속의 양념류는 기름에 튀긴 것이어서 여기에 뜨거운 물을 부으면 환경호르몬이 나오는 것은 당연하다.

2) 스티로폼 도시락 용기류

일회용 도시락 용기들은 모두 스틸렌을 원료로 한 제품들이다. 스틸렌은 여성호르몬을 증가시켜 자궁암의 발생, 백혈병과 췌장암의 증가, 생식능력 저하, 저능아 출산 등을 유발할 수 있다. 합성수지 재질의 일회용품, 특히 상품포장용 1회용품은 하루빨리 사용이 중지되어야 한다.

3) 아이스크림의 용기류

합성수지 재질의 아이스크림 포장용기의 원재료는 스티로폼 수지와 폴리프로필렌 수지가 사용되고 있다. 환경호르몬 물질은 맹물보다는 기름에 더 잘 용출된다. 아이스크림에는 우유의 유지분과 식물성 식용유 등을 혼합하여 만든 기름성분이 많이 들어 있다.

4) 요구르트 등 유산균 음료 용기류

요구르트 등의 내용물에 끈기를 주기 위해 사용한 CMC라는 호료가 충치를 발생시킨다 하여 논란이 된 적이 있다. 이 호료는 액체 합성세제, 풀 등의 점도 유지를 위해 사용하고 있다. 또한 주목해야 할 것은 어린이들이 매일 마시는 유산균음료의 용기도 스틸렌과 스티로폼 수지의 재질로 되어 있다는 것이다.

5) 캔류(음료, 통조림)

캔류는 방부제나 첨가물을 사용하지 않기 때문에 상대적으로 안전하다는 평가를 받아 왔다. 그러나 환경호르몬 물질을 사용해서 코팅을 한 제품들이 있다. 이 제품은 캔의 금속재료와 내용물이 서로 반응하는 화학반응을 막기 위해 캔에 에폭시 코팅을 하고 있다. 에폭시 코팅제에서 비스페놀A가 검출되었다. 캔커피나 홍차 등은 내용물을 먼저 넣고 가열해서 살균을 하므로 환경호르몬이 녹아 나올 가능성이 더 높다. 참치 등의 통조림은 기름을 많이 넣으므로 그 위험성이 더 높다.

6) 팩에 들어 있는 식품류

식탁에 오르는 모든 찬거리는 플라스틱의 용기나 비닐 팩으로 포장되어 우리의 식탁에 오르고 있다. 여기에는 딱딱한 플라스틱이 만져서 부드러운 느낌이 들도록 하기 위하여 환경호르몬 물질인 가소제가 사용되고 있다. 또 사용되고 있는 염화비닐은 환경호르몬 물질이 나오는 비닐과 나오지 않는 비닐이 있다고 하지만 우리들이 육안으로 구별하기는 매우 어렵다. 그렇지만 두 종류 모두 태우게 되면 다이옥신이 배출된다.

6. 건강한 삶을 위한 먹을거리

가장 쉽게 생각해서, 자연에 순응하는 식품이 가장 좋다. 지역에서 난 제철의 1차 생산물을 섭취해야 하며, 최대한 도정이 적은 현미, 통밀을 섭취해야 한다. 채식 위주의 식단으로 바꾸는 것도 중요하다. 값이 비싸지만 생협과 한살림 등 유기농산물을 이용하는 것이 장기적으로는 훨씬 경제적인 것을 알 수 있을 것이다.

우리 일상의 기본인 '식의주', 즉 어떻게 먹어야 하고, 어떻게 입어야 하고, 어떠한 집에서 살아야 하는지, 이 일상의 기본을 바르게 살려내는 것이 온갖 문명의 이기를 해독하고 치유해 나가는 가장 빠르고, 쉽고, 유일한 길임을 확인할 수 있다.

우리가 먹는 음식은 오랜 세월을 통해, 먹을 수 있는 것인지 독인지를 가려내어 오늘에 이어지게 되었다. 우리가 먹는 음식은 그야말로 오랜 세월 조상의 삶을 통해 검증된 가장 값진 문화 유산인 것이다. 검증되지 않는 GMO 식품을 먹어야 하고, 출처도 모르는 각종 첨가물에 찌든 인스턴트 식품과 패스트푸드에 점령당한 먹거리를 생각하면, 왜 가사일, 집안일이 아닌 '살림'인지 그 의미가 새롭지 않을 수 없다. 우리 여성들의 살림의 가치가 단지 가족이라는 울타리에 묶어 두지 않고, 이 파괴된 죽음의 세상이 살림의 세계로 치유될 수 있도록, 사회적 관심과 동참이 함께 하는 문화를 만들어야 한다.

'빨리'와 '크게', '효율'이라는 성장의 신화를 뒤로 하고, 느리고, 작고, 소박하게 삶을 꾸려가는 것이 우리의 건강을 위하는 길이고, 아이에게 깨끗하고 안전한 삶터를 물려주는 유일한 자세가 아닌가 한다.

| 감상문 |

동양의학, 건강과 안전한 먹을거리

김진영(의류학과)

현대 병원의 통제시스템은 자기 몸에 대한 주체성에 대한 존중이 이루어져 있지 않다. 일단 병원 내에서는 의사의 처방을 따라야 하며 몸의 자연 치유력을 무시하고 실제 아픈 국소부분에 대한 약과 수술이 이루어진다. 그러나 이러한 치료는 치료제가 다른 부분에는 독이 되어 여러 부작용을 일으키기도 한다.

반면 우리의 전통적인 의료, 민중의료는 몸에 대한 기본적인 관점에서부터 현대의료의 그것과는 차이를 보인다. 현대의학에서 우리의 몸이 부분 부분의 집합으로 인식된다면 동양의학에서는 몸 전체를 하나의 유기체로서 완성체로 보고 있다. 자동차 부품처럼 고장난 부분을 교체하는 것으로 해결되는 것이 아니라 전체적인 유기적 시스템으로 다른 부분을 북돋워 자체적 치유력을 향상시키는 방식으로 이루어지는 것이다. 예를 들어 간에 문제가 생긴다면 한의학에서는 간을 돕는 다른 부분들의 역할을 증대시켜 간을 쉬도록 만듦으로써 스스로 치유될 수 있도록 하는 시스템인 것이다.

동서양의 인식의 차이에서 비롯된 치료방식의 차이는 어느 하나만을 고집해야 하는 것이 아니다. 저마다의 장점을 가지고 있고 서로 병행되어 단점을 메워 줄 수 있음에도 불구하고 현실의 의료에서 이들은 각각 분리되어 자리다툼을 하고 있다. 자신들의 영역을 지키기 위해 자리다툼을 하기보다는 개방된 체계 하에서 함께 발전했으면 좋겠다. 의학의 영역에서 최우선의 것은 역시나 환자의 치료와 생명 그 자체이기 때문이다.

현대 먹을거리의 문제성을 다시금 고찰해 보는 시간도 가졌다. 현대의 먹을거리는 거의 대부분이 누군가의 손을 거친 가공품이다. 또한 그것이 한 국가 내에서만 이루어지는 것도 아니다. 그 많은 사람들의 양심에만 우리의 먹을거리를 맡기기란 현실성이 부족한 것이 사실이다.

과학의 발전에서 말미암은 식생활의 풍족함은 우리를 배고픔에서 해방시켰다. 그러나 먹을거리 그 자체의 문제와 우리의 음식습관 문제로 인해 많은 질병들을 야기시키기도 했다. 대량생산과정에서 수많은 약품들이 뒤범벅되고 전 세계적인 먹을거리의 수출입은 보존기간을 확보하기 위해 또다시 약품을 입히게 했다. 자연 그대로를 섭취하던 우리 몸에 이러한 약품들이 좋지 않은 영향을 끼치게 됨은 당연한 일일 것이다. 또한 유전자 변형식품의 영향에 대한 우려가 있음에도 불구하고 대기업의 이익에 따라 그것을 시장에 당당히 내놓고 있는 것이다. 입에만 맞는 식품가공품들이 몸에서 발생시키는 질병들, 그리고 먹을거리에 의해 유발되는 질병들이 식품오염의 세계화와 더불어 질병의 세계화가 이루어지고 있다. 이러한 우리의 먹을거리에 대한 우려는 적극적인 해결책을 내놓고 있지는 못하다. 유기농식품의 이용은 가격면과 유통이 활발하지 못한 문제를 안고 있다. 체계적으로 이러한 체제가 포괄적 영역에서 이루어져야 함이 분명하지만 현실적으로 배고픔의 해소 이외의 우리가 건강한 식품을 먹을 권리까지 보장하는 복지체계는 아직 갈 길이 멀다. 특히나 식량 자급률이 낮은 우리나라에서 이러한 문제의 해결책을 찾는 것이 불가능한 것이 아닌가 하는 걱정이 앞선다.

| 열두 번째 강의 |

두레정신과 보험문화

김효신(경북대 법학전문대학원)

1. 우리 선조들의 지혜-두레

몇 년 전인가 강원도에 집중호우가 쏟아져 많은 인명과 재산 피해가 났던 적이 있다. 그때 많은 국민들이 수재민을 돕기 위해 취사도구와 이불 등을 전달하고 복구 작업도 발벗고 나섰다. 이는 사실 우리 조상들이 아주 오래전부터 이웃이 어려운 일을 당하면 모두 나서서 도와주던 좋은 제도를 오늘날에도 우리 후손들이 본받아 시행하고 있는 것이다.

원시농경사회에서는 어느 집에 힘든 일이 생기면 서로 도와주는 일이 자연스러운 현상이었는데, 이렇게 서로의 힘을 모아 어려운 일을 헤쳐나간 조상들의 지혜가 돋보이는 제도로는 두레, 품앗이가 대표적이다.

두레는 중남부지방 논농사 지대에서 한 마을의 성년 남자들이 협력하여 농사를 짓거나, 부녀자들이 서로 협력하여 길쌈을 하던 공동노동조직이다. 남자들의 두레는 주로 모내기, 김매기 때와 같이 단기간 내에 대규모의 노동력이 집중적으로 필요할 때 시행되었다. 두레는 공동노동조직이면서 줄다리기, 편싸움 등의 오락에도 큰 몫을 하였다. 두레에는 한 마을의 성년 남자 전원이 거의 의무적으로 참가해야 했는데, 두레에 가입하려는 남자는 자기의 힘을 마을 사람들에게 시험해 보여서 그들의 찬동을 얻어야 했다.

우리 조상들은 아주 오래전부터 향약이나 두레 등을 조직하여 부족한 노동력을 서로 보완하고 주위에 어려움을 당한 사람이 있으면 상부상조하여 더불어 살아가는 공동체를 운영하여 왔다. 이러한 조상들의 상부상조제도가 현대에 와서는 보험제도를 통하여 그 기능을 발휘하고 있다. 보험이라는 단어에서 사람들은 막연히 어떤 거부감을 느끼기도 한다. 주변에서 볼 수 있는 보험설계사들의 영업을 우선해서 떠올리기 때문인 듯하다. 그러나 보험제도는 인간이 인간에게 기대어 서로 협조하고 살 수 있도록 고안된 가장 좋은 제도라고 할 수 있다. 특히 전통 두레정신을 현대생활에 구현하기 위해서는 다양한 공보험제도가 필요하다.

이 글에서는 현대사회에서 겪을 수 있는 다양한 위험에 대비한 제도로서 보험제도의 내용을 살펴보고, 종래 사보험의 영역으로 생각되던 부분에 대해 공보험 영역을 확대시키는 문제에 대하여 생각해 보기로 한다.

2. 보험이란 무엇인가?

1) 보험의 의의

보험(Versicherung, insurance, assurance)은 동일한 우발적 사고의 발생이라는 위험에 있는 다수인이 사고로 인하여 생기는 경제적 수요를 충족하기 위하여 일정한 과학적 기초에 의하여 산출된 금액을 미리 갹출하여 공동재산을 비축하고, 사고가 발생한 경우에 공동재산으로부터 일정한 금액의 급여를 하는 제도이다.

인간이 위험에 대비하는 제도로 저축, 투자, 혹은 사회보장적 차원의 지원이나 보험 등 여러가지를 들 수 있는데, 그중에서 보험은 인간이 이성의 힘으로 찾아낸 가장 훌륭한 제도라고 한다. 보험제도를 통하여 인간은 스스로 단체의 힘에 의해 불의의 사고에 대비하여 안정된 경제생활을 영위할 수 있게 된다. 보험의 요소를 나누어 생각해 보면 다음과 같다.

첫째, 사고의 우연성·불확정성이다. 보험은 우연한 사고의 발생에 대처하기 위한 제도이다. 사고발생의 불확정성에 대하여 살펴보면 화재 등과 같이 그 발생여부가 불확정한 것도 있고, 사망과 같이 그 발생시기만이 불확정한 것도 있다. 그러나 반드시 객관적으로 불확정한 것이어야 하는 것은 아니고 주관적으로 확정되지 아니한 것이면 된다.

둘째, 위험의 동질성이다. 보험에 있어서는 다수의 동질적인 위험의 결합이 가능하여야 하므로 보험의 요건으로서 위험의 동질성(Gleichartigkeit der Gefahr)이 요구된다. 모든 보험은 대수의 법칙에 바탕을 두어 같은 위험에 놓여 있는 사람들의 결합인 위험단체를 전제로 하는 것이므로 보험의 역사는 위험단체의 역사라고 할 수 있다. 이는 보험의 경제적인 구조에서 보면 "한 사람은 만인을 위하여, 만인은 한 사람을 위하여 존재한다."고 표현할 수 있다.

셋째, 위험의 다수성이다. 보험은 위험단체를 기초로 다수성(대량성)의 원칙에 따라 일정한 기간 동안 일어나는 사고발생의 개연성을 측정하여 통계적인 기초 위에서 산출된 보험료를 각 구성원이 분담한다. 그리고 우연한 사고가 발생한 경우에 일정한 보험금을 지급함으로써 경제생활의 불안을 제거하거나 경감한다.

넷째, 보험료와 보험금 산정에 있어 대수의 법칙이 적용된다. 보험은 위험인수와 보험료 지급이 균형을 유지하도록 하여야 한다. 보험사고가 언제 발생할 것인지 알 수 없기 때문에 보험료나 보험금은 과거의 위험발생에 관한 경험을 토대로 대수의 법칙에 의하여 개연성을 예측하여 산정한다. 작은 규모 또는 소수를 대상으로 관찰하게 되면 불확정적이지만 대규모 또는 다수로 관찰하면 거기에 일정한 법칙이 있게 되는데 이를 대수의 법칙이라고 한다. 예컨대 사람의 사망에 관해서도 어떤 특정인이 언제 사망할 것인지 예측할 수 없으나, 많은 사람들을 대상으로 관찰해 보면 매년 일정한 비율로 사망하는 것을 알 수 있게 된다. 이 경우를 사망률에 관한 대수의 법칙이라 한다.

2) 보험과 유사한 제도

보험과 유사한 제도들을 비교해 보면 다음과 같다.

도박·복권은 다수인이 참가하여 우연한 사실의 발생에 의하여 당사자 간의 급여관계가 결정되는 계약이라는 점에서 사행계약성이 있으며 이러한 점에서 보험과 유사하다고도 할 수 있다. 그러나 보험제도는 위험단체를 전제로 하고 그 목적이 위험의 제거 및 경제생활의 안정이지만 도박·복권은 위험단체의 개념이 없고 그 목적이 요행에 의한 일확천금을 기대한다는 점에서 다르다. 또한 도박은 손실가능성을 인위적으로 창조하는 데 비하여 보험은 기존의 위험을 분산 또는 제거시키는 제도라는 점에서 다르다.

저축은 경제생활의 안정을 위하는 데 목적이 있다는 점에서는 보험과 같으나, 저축은 다수의 경제주체의 결합방식이 아니며 위험을 특정하여 대비하는 것도 아니다. 또한 저축은 적립주체가 임의로 처분할 수 있다는 점에서 보험과 구별된다. 다만 생명보험의 경우에는 저축성이 가미된 보험계약이 있다.

자가보험은 특정시설물에서 생기는 손실을 전보하기 위하여 목적물에서 발생하는 이익의 일부를 일정한 기준으로 적립하는 방법이다. 이는 대수의 법칙에 의하여 계산된 일정한 금액을 적립한다는 점에서 보험과 유사하지만 동일한 위험을 대비하기 위하여 다수인이 집합하여 위험을 분산시키는 것을 목적으로 하는 것은 아니라는 점에서 보험과 다르다. 즉 자가보험은 단일 경제주체 내의 문제이지 다수의 경제주체 간의 위험분산제도가 아니다.

보증은 주채무자의 채무불이행을 조건으로 제3자가 채권자에 대하여 주채무자의 채무와 동일한 내용의 독립한 채무를 부담하는 인적 채권담보제도로서, 단체성이 전무하고 유상성이 결여된 경우가 많다는 점에서 보험과 구별된다. 그리고 보험에는 손해보상성이 존재하나 보증에는 인적 담보성은 있지만 손해보상성은 없다는 점에서 구별된다는 견해도 있다.

공제는 다수의 경제주체가 단체로서 결합하여 보험료에 상당하는 금전을 납입하고 가입자에게 화재나 사망과 같은 소정의 사고가 발생한 경우에 미리 정해진 금액을 지급하는 것을 말한다. 이것은 특정의 직장에서 일하는 사람이나 특정의 지역에서 일하는 사람이 가입하는 협동조합 등에서 조합원의 후생복지 또는 경제적 지위의 안정과 향상을 위하여 시행하는 상호부조제도이다. 우리나라에서 시행되는 공제로는 농협공제, 수협공제, 해운공제 및 자동차공제 등이 있다. 공제 가운데에는 농협에 의한 각종 공제처럼 그 실태가 보험과 동일하다고 인정되는 것도 있지만, 부금의 산정방식이나 급부수준 등으로 보아 보험과는 반드시 같지 않은 것도 있다.

보험의 성격을 가진 공제인가 아니면 단순한 공제인가를 구별하기 위하여 고려되어야 하는 요소는 ①사고가 발생한 경우에 지급되는 금액이 경제적 수요를 충족하는가 아니면 단순히 일정한 금액을 지급하는 데 불과한가, ②납입하는 금액이 급부와 반대급부 균등의 원칙에 따라 공정하게 정해져 있는가, ③공제사업이 대수의 법칙에 따라 합리적으로 운용될 정도로 가입자가 광범위한가 등이다. 판례상 공제사업에 대하여 보험계약법의 적용을 인정하는 경우가 있다.

3) 보험의 기능

보험은 개인이나 기업이 사고를 당하였을 때 경제적인 불안을 제거하여 개인의 경제생활이나 기업경영의 안정을 추구할 수 있다. 이러한 면에서 보험은 경제적으로는 보험의 이용자에게 안심을 제공하여 합리적인 생활설계나 기업경영을 가능하게 하고, 사회보장적인 기능도 수행한다. 특히 기업은 보험을 이용하여 위기에 대처하는 능력을 높일 수 있다. 구체적으로 살펴보면 불규칙한 거액의 책임위험에 노출되어 있는 불안을 정기적인 소액의 보험료로 처리할 수 있게 되어 기업경영의 예측가능성을 확보할 수 있다. 나아가 환경오염보험이나 수출보험 등에 의하여 기업경영의 합리화도 가능하다.

보험은 다수의 보험가입자로부터 보험료를 받아 이를 관리하므로 자금의 공급기능을 가진다. 특히 생명보험의 경우 보험계약자가 지급한 보험료는 책임준비금을 제외하고 장기의 투자기금으로 안정적으로 운용될 수 있다. 그리하여 보험은 보험료의 축적에 따라 주식투자 등 산업자금으로 이용되거나 일반대출에 의하여 기업자금을 공급하게 되어 국민경제의 발전에도 크게 이바지한다.

보험은 신용수단으로서의 기능도 가진다. 개인의 경우 담보물을 화재보험에 부보함으로써 채권회수의 가능성을 높여 융자를 쉽게 얻을 수 있다. 또한 보증보험제도는 채무자의 신뢰를 높여 주는 신용의 수단으로 쓰인다. 나아가 국제무역에 있어서 해상적하보험증권은 신용장·선하증권·화환어음에 첨부되는 필수적인 증권으로서 운송 중인 화물의 매도 또는 은행으로부터의 어음할인을 돕는 역할을 하게 된다.

보험자는 보험계약자에 대한 보험요율조정을 통하여 사고발생을 억제하는 기능을 한다. 예를 들어 화재보험의 경우 화재로 인한 손해를 보상하기 위하여 화재의 조사자는 그 손해액을 산정하는 것뿐 아니라 화재의 원인이나 상황에 대한 조사와 분석을 함으로서 화재예방을 위한 기능도 수행하게 된다. 또 다른 예로 자동차보험의 경우 무사고기간을 고려하여 보험료를 할증·할인하는 것도 사고방지의 기능을 하게 한다. 그리고 보험자가 사고예방을 위한 적극적인 홍보활동을 펴거나 시설투자나 연구활동을 지원함으로써 방재활동에 기여하여 손해방지에 이바지할 수도 있다.

보험이 담보하고 있는 위험이 매우 높거나 큰 경우에는 이것을 하나의 보험자가 감당하기 어렵기 때문에 국가의 영역을 넘어 그 위험을 분산시킬 필요가 있다. 이러한 경우 재보험을 통해 위험을 국제적으로 분산할 수 있는데, 이를 통해 하나의 보험사고는 국내의 문제에 국한되지 않고 국제적인 연관을 맺게 된다.

4) 보험의 폐해 – moral hazard의 문제

보험의 폐해로는 다음과 같은 것들이 있다. 먼저 보험에 가입하였다고 위험에 대한 주의를 게을리함으로써 사고 위험에 대비하는 책임의식이 희박해지는 문제점을 발생시킨다. 그러나 이러한 문제는 사고율이 높으면 보험료 부담이 커지는 보험구조에 의해 해결될 수 있다. 그리고 형사책임과 행정법적인 제재는 보험과 별개로 적용되므로 보험가입으로 인하여 책임의식이 이완된다는 부작용이 이러한 형사적·행정적 제재에 의해서 부분적으로는 억제가 된다고 볼 수 있다.

또 보험금을 노리고 고의적으로 사고를 발생시키는 범죄행위가 늘고 있다. 이러한 문제를 도덕적 위험 또는 역선택이라고도 부른다. 예를 들어 중병에 걸린 사실을 숨기고 생명보험에 가입하는 경우, 보험금을 노리고 피보험자를 살해하거나 화재보험에 가입한 건물에 방화를 하는 경우 등이다. 이러한 문제점에 대한 대비책으로 보험법에서는 고지의무 위반의 경우와 고의에 의한 보험사고의 경우에 보험자가 면책되도록 규정하고 있다. 그러나 이러한 대비책만으로는 보험금을 노리는 고의적인 사고를 억제하기에 부족하고 다각적인 대비책이 마련되어야 할 것이다.

보험금을 노리고 발생하는 고의적인 보험사고는 보험의 비용상승을 가져와 다수의 보험가입자가 보험으로부터 이탈하는 효과를 초래할 것이고, 결국은 보험제도의 기술적 기반을 붕괴시키는 심각한 부작용을 초래하게 된다.

3. 보험법의 연혁과 각국의 보험법

1) 보험제도의 연혁

근대적인 의미의 손해보험의 기원에 관하여는 여러 학설이 있으나 모험대차설이 가장 유력하다. 모험대차란 선박이 목적을 달성하고 무사히 도착하면 고리의 이자와 함께 원금을 반환받지만 선박이 침몰하면 모든 손해를 부담하는 방법이었다. 그러나 이 제도는 지나치게 고리화되는 문제가 있어 금지되었다.

근대적 손해보험은 14세기경 이탈리아의 제노바, 팔레르모 등의 항구도시에서 성립된 해상보험에서 그 기원을 찾을 수 있다. 그 후 스페인·포르투갈을 거쳐 1688년경 영국에 도입되어 오늘날 해상보험뿐만 아니라 재보험의 중심시장으로 이름난 로이드 시장으로 발전하였다. 해상보험에 관한 입법으로서는 1435년 바르셀로나 해상보험조례가 시초이며, 최초의 포괄적인 해상보험의 편찬은 1681년 프랑스 해사조례이다. 그 후에 이에 관한 대부분의 규정이 그대로 유지되어 1807년 프랑스 상법전에 계승되었다. 화재보험은 해상보험과 달리 게르만법계의 길드와 관련하여 발전하였다. 18세기에 독일에서 부동산화재보험이 널리 보급되기 시작하였는데 이는 공적 제도의 일종이었다. 오늘날의 화재보험제도는 1666년 런던 대화재를 계기로 화재보험을 전문으로 취급하는 회사가 설립되어 여러 나라로 확대된 것을 기원으로 볼 수 있다.

18세기 말 영국에서 시작된 산업혁명에 의해 생산·수송수단이 기계화되면서 기계보험·자동차보험·항공보험 등 새로운 보험이 개발되었다. 제2차 세계대전이 끝난 후 과학기술의 눈부신 발달로 인하여 원자력보험·인공위성보험 등이 새로 등장하였으며 손해보험의 계약종류는 200여 종이나 된다.

생명보험의 기원은 고대 로마의 매장조합이었던 콜레기아 테누이오룸니아, 중세의 길드 등에서 볼 수 있었던 상호부조제도에 있다. 근대적인 생명보험제도는 18세기 후반의 산업혁명 초기에 영국에서 비롯되었다. 17세기 후반부터 확률론이 연구되기 시작하여 보험사업의 기초인 생명표가 만들어졌고, 18세기 초 비로소 근대적 생명보험이 형태를 갖추게 되었다. 1762년 생명표에 의거하여 가입자의 나이에 따라 보험료를 달리하는 보험을 창안한 Equitable 생명보험회사가 영국에 설립되었다. 이와 같이 근대적 생명보험은 영국에서 발생하여 세계 각지에 퍼졌고, 다양한 계약으로 발전하게 되었다.

2) 각국의 보험법

영국에서는 1774년 생명보험법, 1870년 생명보험회사법, 1906년 해상보험법 등이 제정되었으며 1909년 보험회사법이 제정된 이래 몇 차례 개정되었다. 영국에서의 보험에 관한 법률관계는 이러한 입법과 더불어 주로 약관·관습법·판례법 등에 의하여 지배된다고 할 수 있다. 미국의 경우는 각 주별로 독립된 보험법전을 가지고 있다. 예컨대 캘리포니아주 보험법은 1935년, 뉴욕주 보험법은 1939년에 성립되어 시행되고 있으며 몇 차례 개정이 되었다. 미국의 보험법도 영국의 사정과 유사하지만 각 주마다 보험사업의 보호와 감독에 관한 법령과 기관을 두고 있다.

대륙법계에는 보험법을 상법전의 일부분으로 하는 경우와 독립된 단행법으로 규정하는 경우가 있다. 독일의 경우 해상보험에 관하여는 1897년 상법전(Handelsgesetzbuch) 제4편에 규정을 두고 있고, 육상보험에 관하여는 1908년 제정된 보험계약법(Versicherungsvertragsgesetz)에서 규정하고 있다. 프랑스에서는 해상보험은 상법전에 편입하여 통일된 법전으로 되어 있고, 육상보험에 관하여는 1930년 보험계약법이 성립되었다. 스위스에서는 1908년 보험계약법이 성립되었는데 손해보험과 인보험을 각각 독립된 장으로 규정하였다.

3) 보험법의 의의와 특성

넓은 의미의 보험법은 보험에 관한 모든 법규라고 할 수 있다. 그러므로 사보험에 관한 법규뿐만 아니라 공보험에 관한 법규도 포함한다. 또한 보험계약에 관한 법규뿐만 아니라 보험사업의 주체·운영·감독 등에 대한 법규도 여기에 포함된다. 그러나 일반적으로 좁은 의미에 있어서 보험법이라고 할 때는 보험계약법을 지칭하며 이에 관한 규정은 상법 제4편「보험」에 있다. 이것을 형식적 의의의 보험법이라고 한다.

보험제도는 과학적 기초에 의하여 산출된 보험료를 기금으로 만들어서 위험을 전가하는 제도이다. 보험사고의 확률을 개별적으로 보면 사고의 발생여부가 극히 우연한 것이지만 보험단체 전체구조에서 보면 사고의 발생은 어느 정도 규칙적이라는 것을 알 수 있다. 보험제도는 이러한 점을 이용하기 위해 수리적 계산에 의한 기술적인 구조를 토대로 하게 된다.

보험계약은 동종의 위험에 처한 다수인이 위험단체를 형성하여 보험료의 총액과 보험금의 총액이 균형을 이루어야 하는 제도이다. 그러므로 이 단체에는 특별히 위험률이 높은 사람은 보통의 보험료율에 의하여 가입할 수 없다. 결국 보험계약법의 단체성에서 보험계약자를 평등하게 대우하여야 하는 원칙이 나오게 된다.

각 보험계약자의 상호결합관계를 인정할 수 없는 개별적인 보험계약에 대하여 보험의 단체성을 어느 정도 반영시킬 것인가 하는 것이 보험법의 과제이다. 보험계약법의 해석·적용에 있어 보험제도의 기술적인 성격에서 나오는 단체성을 고려하여야 할 것이다.

보험제도는 위험단체를 전제로 동질적인 위험에 대비하기 위하여 이용되는 것이고, 보험계약은 바로 그러한 위험을 전제로 이루어지는 사행계약이다. 따라서 보험계약이 투기나 도박 등의 목적으로 악용될 때에는 도덕적 위험(moral hazard)의 문제가 생길 수 있다. 이에 따라 보험계약법은 보험계약 당사자가 윤리성·선의성에 바탕을 두고 건전한 보험보호를 행하여야 하므로 각 당사자에게 고도의 선의를 요구하는 선의성의 원리가 기본이 된다.

고도의 산업사회화로 인하여 위험이 증대되었고 이에 따라 기업이나 가계는 보험제도에 의하지 않고는 안정된 경제생활을 영위할 수 없게 되었다. 이러한 점에서 보험계약은 공공성을 띠게 된다. 일반적으로 보험계약자는 경제적으로 약자의 지위에 있으며 보험계약에 대한 전문적 지식이 부족하다. 더구나 보험계약은 대량적 거래로 이루어지는 부합계약성의 특성이 있어 보험계약자의 보호가 필요하게 된다. 이러한 점에서 국가기관의 감독적 기능이 인정되고 있다.

보험계약은 기술성을 띠면서 공공성과 사회성이 강하므로 보험사업에 관하여 등록규정을 둘 뿐만 아니라 상법에서도 보험계약에 관하여 강행법적 규제를 하고 있다. 그리하여 불이익변경금지의 원칙(상법 제663조)을 규정하고 있으며, 비록 금융감독위원회의 인가를 얻은 보통보험약관이라 하더라도 이 규정에 위반하는 조항은 무효라고 할 수 있다.

이러한 규정의 취지는 보험에 관한 지식이 부족하고 대등한 교섭력이 약한 일반 보험계약자를 보호하자는 점에 있으므로 기업보험에까지 확장하여 적용할 필요는 없다. 따라서 상법에서도 재보험 및 해상보험 기타 이와 유사한 보험의 경우에는 이를 적용하지 않는다(상법 제663조 단서).

4. 공보험, 그 영역의 확장에 대하여

1) 공보험과 사보험

국가나 기타의 공공단체가 공동경제적 목적으로 운영하는 보험을 공보험(öffentliche Versicherung)이라 한다. 여기에는 사회정책적 목적의 공보험과 경제정채저 목적의 공보험이 있다. 산업재해보상보험, 국민건강보험, 연금보험, 고용보험 등은 사회정책적 목적의 공보험이라 할 수 있으며, 수출보험은 경제정책적 목적의 공보험이다. 이러한 공보험의 특징을 살펴보면 일반적으로 국가나 공공단체가 운영하고 보험관계자의 사회연대적 사상을 기반으로 하여 보험관계가 법률에 의거하여 설정되어 있다. 이와 같이 공보험은 국가나 공공단체가 스스로 보험자가 되어 직접 보험을 인수하는데, 경우에 따라서는 특수한 사법인을 설립하여 간접적으로 보험을 인수하는 경우도 있다.

공보험의 종류로 첫째, 의료보험이 있다. 의료보험은 사회보험의 일종으로 질병·부상·분만·사망 등을 대상으로 한 보험급여를 말하는바, 사회보장행정의 내용을 이룬다. 미국에서 의료보험제도개혁에 대한 논란은 우리에게 시사하는 바가 크다.

둘째, 선원보험은 선원에 대한 보험제도를 통하여 선원과 그 가족의 생활안정 및 복리향상을 도모하려는 사회보험을 말하는데, 한국인 선원으로서 국내에 선적항을 둔 선박에 승무하는 자를 피보험자로 한다. 이는 피보험자 또는 피보험자였던 자의 질병·부상·노령·폐질·탈퇴 또는 사망에 대하여 일정한 보험급여를 하는 것을 내용으로 하는데, 그 급여의 종류로는 양로조처·양로비·상병수당·양로

연금·폐질수당·탈퇴수당 및 사망수당이 있다.

셋째, 산업재해보상보험으로 근로자의 업무상 재해에 대하여는 근로기준법이 정하는 바에 따라 사용자가 보상을 하는 것이나, 사용자의 자력 또는 태도 등에 따라 반드시 만족할 만한 보상을 기대할 수 없는 경우에 일정한 사업주를 당연히 보험가입자로 하여 신속하고 공정하게 근로자의 업무상의 재해보상을 하여 근로자를 보호하려는 보험제도를 말한다.

한편 개인이나 사법인이 사경제적 목적으로 운영하는 보험을 사보험(private Versicherung)이라 한다. 사보험은 사법상의 법률관계에 따르고 국가의 재정적 원조가 없으며 그 가입이 강제되지 않는 것이 보통이다. 사보험은 영리성의 유무에 따라 영리보험과 상호보험으로 나뉜다.

2) 공보험과 사보험의 관계

양자는 기본적으로 보험의 원리에 입각한다는 점에서는 동일하다. 그러나 제도의 목적이나 재정의 운영방식, 가입의 방법 등에 차이가 있으며 적용법규도 다르다. 한편 최근에는 사보험제도에 공보험제도가 도입되는 경우가 있다. 즉 개인연금보험제도의 허용, 뺑소니자동차사고의 피해자에 대한 정부의 보장사업 등이 이에 속한다.

3) 우리의 과제

복지사회의 구현을 위하여 다양한 공보험제도들이 만들어졌다. 의료보험, 산업재해보상보험 등이 그 대표적인 예이다. 이제 이러한 영역에 머물지 않고 보다 새로운 영역에 공보험제도를 도입하는 문제가 중요한 과제로 대두되고 있다. 현재 변호사수임비용이 너무 높아 법조서비스의 문턱이 높다는 비판이 제기되고 있는데, 법무보험제도를 도입하면 저렴한 비용으로도 법조서비스를 받을 수 있게 될 것이다.

또 한 가지 예로 유럽 일부국가에서 시행되는 국영가정보험제도 등을 들 수 있다. 자녀양육에 대하여 공보험제도를 도입함으로써 미혼모의 자녀, 혹은 이혼가정의 자녀도 양육에 대한 부담을 최소한으로 할 수 있다. 이러한 제도들은 바로 진정한 복지국가실현을 위해 가장 필요한 제도라고 할 수 있다.

| 감상문 |

두레정신과 보험문화

조지웅(생명과학부)

오늘은 두레정신과 보험문화라는 주제로 강연을 시작했다. 평소와는 달리 법학대학 교수님께서 법에 관련된 이야기를 해 주신다고 해서 색다른 느낌이 들었다. 사실 법이라고 하면 너무 어렵고 복잡하고 나와는 상관없는 일이라고 생각해서 가까이 하지 않았던 학문이다. 하지만 한편으로는 경험해 보지 못한 학문이었기 때문에 교수님의 강연이 기대되었다.

교수님께서는 보험문화에 대해 설명하기에 앞서 두레와 품앗이에 대해서 간단히 설명을 해 주셨다. 두레는 인간에게 공존할 수 있는 문화라 했다. 우리는 예전부터 농경사회였기 때문에 혼자서는 농사를 지을 수 없고 따라서 다양한 서로 돕는 문화가 발달했다고 한다. 이뿐만 아니라 태안에 기름유출사고 있을 때 수많은 사람들이 직접 가서 돕는 등 우리나라 민족성도 한몫한다고 했다. 이처럼 보험이란 제도는 두레와 품앗이처럼 일정한 액수를 모으고 어려울 때 도움을 줄 수 있는 긍정적인 제도라 했다. 특히 우리에게 위험이 닥칠 때 큰 도움이 될 수 있다고 했다. 예를 들어 교통사고를 당했을 경우 가해자의 입장에서나 피해자의 입장에서나 보험은 꼭 필요한 것이라 했다. 다만 보험이라는 제도가 회사라는 개입이 들어오니까 영리를 추구하게 되고 보험을 방문판매 형식으로 하게 되다 보니 인건비와 같은 2차적인 비용이 많이 들게 되고 따라서 보험료가 상승하게 되는 문제점을 가지고 있다고 했다.

보험은 생활 안정, 자금의 공급, 신용 수단 등 많은 이점을 가지고 있지만 한편으로는 많은 문제점도 가지고 있다. 우선 책임의식 이완이다. 사고를 내고서도 모든 것들이 보험처리가 가능해지다 보니 책임의식이 없어진다는 것이다. 또한 고의적인 사고 유발로 통해 보험금을 받아가는 사람들도 많아지고 이러한 것들로 통해 보험급료가 올라가고 전반적인 보험단체의 기반이 약화될 수 있다고 했다.

보험법은 기술성뿐만 아니라 윤리성과 선의성을 가지고 있고 공익성을 가지고 있다. 법의 기술성과 윤리성과는 사실 거리가 먼 개념인데 보험법은 예외적으로 높은 기술성을 유구함과 동시에 선의성과 윤리성을 요구함으로써 높은 공익성을 추구한다. 즉 보험이라는 것 자체가 선의의 목적에서 시작을 했기 때문인 것 같다. 그러면서 교수님께서는 사보험과 공보험에 대해서 설명을 덧붙여 주셨다. 사보험은 사적인 영역에서의 도움을 줄 수 있는 보험이라면 공보험은 국가에서 공적인 영역이라 판단되는 부분에 있어서 시민에게 도움을 주는 제도를 말한다. 대표적으로 의료보험이라든지 산재보험 같은 것들이 있다. 미국의 의료보험제도와는 달리 우리나라 의료보험제도는 일단 모든 국민이 기본적인 치료를 받을 수 있도록 보장하고 있다. 이처럼 국가의 개입을 통해서 보다 많은 사람들이 도움을 받을 수 있다면 이러한 제도는 긍정적인 것 같다.

교수님께서는 공보험에 대한 해외의 사례들도 말씀해 주셨다. 뉴질랜드의 경우에는 기본적으로 상해보험이 공짜라 했다. ACC라는 사고보상기관을 통해 모든 것을 보상받을 수 있다고 했는데, 다만 문제점이라면 이러한 제도를 실시하는 데 있어 엄청난 재원조달을 필요로 한다는 것이다. 또한 놀아도 실업수당이 나오니까 전반적인 나태함이 퍼져 있는 문제점도 발견되고 있다고 한다.

또 다른 예로는 프랑스의 경우 미혼모가 되면 주거와 양육비를 청구할 수 있는 가정보험 제도라는 것이 있다고 했다. 양육이라는 문제는 사실 지극히 개인적인 문제일 수도 있고 따라서 우리나라의 경우는 사법적으로 인프라가 제대로 갖추어지지 않고 있다. 하지만 프랑스의 경우는 출산율 저하 등 국가적인 차원에서 문제로 판단하고 있기 때문에 이러한 보험이 있다고 했다.

이처럼 앞으로 많은 사보험들이 사보험의 영역에 머물지 않고 공보험의 영역으로 들어올 수 있도록 한다면 수많은 사람들이 보다 편하고 위험에 대비할 수 있을 것 같았다. 다만 공보험화가 되었을 경우의 문제점처럼 재정적 뒷받침은 어떻게 할 것인가에 대한 대비가 필요한 것 같다.

이번 수업은 이번 학기 복현모둠강좌의 다양한 강좌 중에 가장 실용적이고 실질적인 도움이 많이 되었던 것 같다. 사실 법이라고 해서 무조건 어렵고 지루할 것만 같았는데 평소에 궁금했던 것에 대해서 많이 알게 되었다. 또한 사실 보험이라고 하면 마지못해 친분에 의해 가입하던 것이라는 생각이 있었는데 보험의 장점과 긍정적인 효과를 듣고 보험에 대한 인식이 약간 바뀐 것 같기도 하다. 나뿐만 아니라 다른 학우들도 굉장히 관심 깊게 들었던 것 같다. 그래서 그런지 강의 후 질문들이 많이 쏟아졌는데 아무래도 실질적인 도움이 될 수 있는 강좌여서 더욱더 그랬던 것 같다.

| 열세 번째 강의 |

우주, 생명, 인류의 미래

황재찬(경북대 천문대기과학과)

물리학과 화학은 우주에서 보편적으로 적용되는 지식을 다룬다고 받아들여지지만 우리가 아는 생물학은 전적으로 지구생물학이다. 아직 외계생명에 대한 명백한 증거가 없는 상황에서 우리가 아는 지구생명들이 그 모습뿐 아니라 분자구성의 수준에서조차 물리화학 법칙이 허용하는 보편적이거나 유일한 형식일지는 추측 이외에는 알 길이 없다. 충격적인 주장에는 그에 걸맞은 충격적인 증거가 필요하다는 데 동의한다면, 외계생명의 존재에 대한 거의 유일한 관측사실은 우리가 찾아내거나 혹은 우리를 방문한 외계존재에 대한 충격적인 증거가 없다는 사실이다. 이 하나의 관측사실, 특히 우리보다 고등한 외계문명의 사절단이나 탐색자가 우리를 방문한 기록이 없다는 사실은, 어떤 관점에서 보느냐에 따라 우리 주변 우주의 특성이나 우리 인류의 미래에 대한 중요한 시사점을 제공해 준다. 이것이 이 글에서 우리가 탐색해 보려고 하는 것이다.

현대 우주론에서 우리가 속한 우주는 유한한 시간 동안 존재해 온 것으로 본다. 약 137억 년 전에 우주는 팽창을 시작하였다. 그럼 시작 이전은 어떠했을까? 그리고 빛의 속도가 유한하다는 것을 고려한다면 우리에게 정보가 도달하는 한 가장 멀리 떨어진 천체인 137억 광년보다 먼 지역에서 우주는 어떤 상황일까? 여기에 대해 현대과학의 틀은 어떠한 해명도 제공할 준비가 되어 있지 않다. 그러한 영역은 바로 그 정의상 우리가 실험이나 관측으로 알 수 있는 영역 바깥, 즉 형이상학의 영역인 것이다. 이 점은 우리가 가진 기술의 현실적인 한계 때문이 아니라 현대물리우주론이 원리상 도달할 수 없는 영역으로 스스로 설정하였기에 그렇다. "천상에 대한 연구가 매혹적이고 중요한 것은 단지 그에 대한 우리의 지식이 불완전하다는 것으로 유지된다."라는 아리스토텔레스(Aristotle)의 통찰을 고려한다면 과학이 스스로 드러낸 과학지식의 절대한계가 특별히 애석한 것은 아니다.

우리가 볼 수 있는 우주 안에 약 천억 개의 은하가 있다고 추정한다. 우리 은하 안에는 천억 개 이상의 별들이 있고 지금도 별들이 만들어지고 있지만 가장 오래된 별들의 나이는 거의 우주의 나이에 버금간다. 한편 지구와 해를 포함한 태양계는 약 46억 년 전에 만들어진 것으로 추정한다. 태양계는 우리 은하에 나타난 다른 많은 별들 중 상당히 뒤늦게 출현한 것이다. 우리는 지구에서 생명이 어떻게 탄생했는지 아직 모르지만 지구가 만들어진 후 이른 시점인 38~35억 년 이전에 이미 생명이 출현하였다는 화석증거를 가지고 있다. 현재는 인류가 기술문명을 이루었고 지금은 지구를 벗어나 우주로 진출하려는 시도가 이루어지고 있다. 그렇다면 태양계보다 수십억 년 전에 만들어진 별들과 그들 주위 행성에서 출현한 생명은 우리보다도 수십억 년 앞선 문명을 누리고 있을 여지가 있다. 이렇게 우리 은하 안에 고등문명이 넓게 퍼져 존재할 가능성과 실제로 우리를 방문한 고등문명의 사절이나 탐사흔적이 없다는 사실 사이의 커다란 차이는 무엇을 의미하는 것인가? 우주생물학 분야에서 이것은 '거대한 침묵의 문제(The Great Silence Problem)' 혹은 '페르미(Enrico Fermi) 패러독스'로 알려져 있다.

'거대한 침묵의 문제'는 파스칼(Blaise Pascal)이 『팡세(Pensées)』에서 언급한 "이 무한한 공간의 영원한 침묵이 나를 두렵게 한다."라는 잠언을 연상시킨다. 인류문명의 미래에 대한 반영일 수도 있는 우주의 고등문명들은 다 어디에 있기에 우주가 이렇게 조용한 것인가? 다른 관점에서 본다면 이제 막 우주로 진출하려고 하는 인류기술문명이 우주문명으로 도약한다는 우리의 미래는 어디에 있는 것인가?

우주와 생명에 대한 생각에는 두 가지 극단이 동시에 존재한다. 분자생물학자인 모노(Jacques Monod)는 "인간은 결국 거대하고 감정이 없는 우주에, 단지 우연으로 나타난, 홀로 떨어진 고독한 존재라는 것을 깨닫게 되었다."라는 말로 자신의 1971년 저서 『우연과 필연』을 마감한다. 한편 생화학자 디두브(Christian de Duve)는 1996년 저서 『생의 티끌(Vital dust)』에서 "우주는 생명을 잉태하고 있다. 생명은 우주의 필연이다! 생명은 어디서고 물리적 조건만 (지구와) 비슷하다면 … 거의 필연적으로 출현한다."라고 주장한다. 우주에서 생명이 필연적으로 광범위하게 출현하는 것인지 혹은 우연에 의해 드물게 나타난 것인지는 외계에서 생명이 발견되기 전까지는 논쟁거리로 남을 것이다. 칼 융(Carl Gustav Jung)의 지적과 같이 "알려진 사실이 적은 경우, 추측은 개인의 심리를 대변할 가능성이 높다."

생명이란 무엇인가? 뜻밖에도 생명을 정확하게 정의하기는 어렵다. 모든 정의에 예외가 있다. 이러한 어려움은 우리가 아는 생명이 지구생명이라는 특수한 경우에 불과하기 때문에 나타난다. 보면 알 것 같기도 하지만 그마저도 우리의 지구생명에 대한 편견에 좌우될 수 있다. 생명의 기원과 진화에 대한 미국의회 위원회 보고서에 따르면 "미국의 우주탐색에서 외래 생명과 조우하고서도 알아보지 못하는 것보다 더 최악의 상황은 없다." 미래 생명이나 외래 생명의 가능성에 대해서는 우리의 기대를 넓게 갖는 것이 도움이 될지 모른다.

생화학자 오파린(Alexander Oparin)은 "생명이란 물질이 진화하는 과정에서 이르게 되는 여러 수준들의 하나에 지나지 않는다."라고 하였다. 그렇다면, 물질 진화 수준의 끝은 어디인가? 우리는 이 수준들 중 어디쯤 위치하고 있는 것인가? 브룸필드(John Broomfield)는 1997년 저서 『지식의 다른 길』에서 고생물학자 굴드(Stephen Jay Gould)의 다음 견해를 인용한다. "인간은 진화라는 거대한 숲에 있는 조그마한 가지 하나에 지나지 않는다. 인간은 종착지가 아니다." 일단 편리하게는 생명을 '다윈(Charles Darwin)적 진화(번식, 변이, 선택)를 하는 물질계'로 볼 수도 있는데, 모양이나 구성성분보다는 정보가 중요할 수도 있다. 장회익은 1998년 저서 『삶과 온 생명』에서 "구성물에 대한 물질적 연속성을 포기하는 대신 그것이 지닌 정보적 연속성을 취함으로써 자신의 정체성을 유지해 나가는" '생명의 개체화 전략'을 강조한다. 지구생명을 보면 생명은 개체가 아닌 계의 성질임을 알 수 있다.

생명은 주위 환경과 에너지를 교환하는 진화가 가능한 분자계로 볼 수도 있다. 우리가 아는 지구생명은 액체 상태 물을 용매로 하고 탄소 중심의 생화학에 바탕을 두고 있다. 지구 생명은 특수하면서도 동일한 유전암호체계와 동일한 구성 아미노산, 그리고 동일한 에너지 화폐를 공유하며 같은 생화학 작용을 따른다. 현생 모든 지구생명은 공통조상의 자손임을 보여 주는 증거들이 있다. 이 점에서 지구생명은 단 한 가지 종류라고 볼 수 있다. 외계 생명은 어떠할까? 외계 생명에서도 동일할 것인가? 지구에서 생명은 생태학적으로 액체 상태의 물을 필요로 한다. 따라서 태양계와 그 너머에서 생명을 찾는 작업은 기술적으로는 첫째, 액체 상태의 물을 찾는 것이다.

화학에 다양성이 가능하다면, 지구생명은 특수한(즉, 다양하지 않은) 복잡성을 추구한 것으로 보인다. 지구생명이 추구하지 않은 다양한 가능성에서는 어떠한 생명이 가능할까? 지구생명은 화학반응의 필연적이며 보편적인 결론인가, 혹은, 지구가 지닌 상황에 따른 우연적이며 특수한 사례인가?

아직 과학으로 해명할 수 없는 화학 작용을 거쳐 초기 지구의 무생물적인 환경에서 단순한 생명이 출현한 것으로 보인다. 지구가 충돌을 통해 만들어진 후 처음에는 화학진화가 진행되다가 38억 년쯤 전에 생명이 출현하여 화학진화가 유전자 진화로 바뀌는(genetic takeover) 과정이 일어났다. 물리-화학 조건만 맞으면 생명은 출현하는 것일까? 지구에서 생명의 역사를 보면 그럴 가능성이 있다. 생명에 필요한 간단한 유기물은 태양계와 별 사이 공간에 흔하다. 박테리아는 지금도 지구를 지배하고 있다. 태양계 내 화성이나 유로파에서 우리가 기대하는 것은 단순한 형태의 생명들이다. 한편 단순한 생명이 있으면 복잡한 생명의 출현은 필연적일 가능성이 있다. 지구생명이 우리가 가진 생명에 대한 단 하나의 증거이기에 우주에 복잡한 생명이 흔한지 드문지는 모른다.

약 20억 년 전에 광합성의 부산물로 발생한 산소가 바다에 농축되기 시작하며 그 이전에 살던 대부분의 생명들이 화학적 활성이 높아 유독한 산소에 노출되어 사멸되거나 산소가 없는 지역으로 후퇴하였을 것이다. 한편 산소를 견디고 살아난 생명들은 산소의 높은 활성을 활용하는 수단들을 찾아내게 되는데 결국 이를 통해 진핵세포, 성의 발명, 다세포 생물로 도약하는 전기를 마련한 것으로 보인다. 이러한 위기와 이를 극복한 경우 허용되는 도약은 지금 인류가 앞에 둔 상황과도 유사점이 있을 듯한데 이는 뒤에 살펴보겠다.

모든 생명은 매우 복잡하며 결함도 많지만 일단 주어진 환경에 정교하게 적응한 것으로 보인다. 진화생물학자 도브잔스키(Theodosius Dobzhansky)는 1973년 "진화를 고려하지 않으면 생명의 어떤 측면도 이해되지 않는다."는 지적을 하였다. 모든 생명은 그 기원 이후 끊임없이 이어져 온 진화라는 역사의 산물이다. 다윈을 계승한 진화론의 견해로는 지구생명 진화의 행로는 무작위적인 돌연변이와 자연선택에 맡겨진 결과로 해석된다. 이러한 무목적론적 해석이 지구생명이 지나온 과거의 행적이 물리-화학작용으로 설명이 가능할 것이라는 과학의 믿음을 반영하고 있음은 분명하다. 하지만 기계론적이고 환원주의적 관점으로 관철된 물리-화학 과정이 현재 우리가 보는 생명이라는 현상을 설명할 수 있을지에 대해서는 아직 거대한 장벽이 가로놓여 있다. 진화를 고려하면 생명이 이해되는가?

생명의 본질을 "생명의 도약(Élan vital), 지속(durée)"의 개념으로 표현하려한 철학자 베르그손(Henri-Louis Bergson)의 사유는 여전히 유효하다. 다윈주의자들의 진화론은 수동적 돌연변이와 경쟁을 통한 적자생존을 강조하지만, 생명들이 환경의 변화에 창조적으로 적극 대응하여 변이를 일으키는 것과 서로 희생하며 공생을 추구하고 있다는 많은 증거가 있다. 현대의 다윈 패러다임과는 달리 여러 경로를 통해 갖춘 획득형질이 유전을 통해 즉각 다음 세대로 전달된다는 많은 증거가 있다. 유전자 조작 생명공학의 의도도 이를 이용하는 예이다. 생명의 과정이 임의적이라고 보는 것은 단지 현재 기계론적이고 환원주의적인 과학세계관의 한계를 보여 주는 것일 가능성이 있다. 생명의 전개는 기계적 법칙에 구속되어 우연과 환경조건에 맡겨진 것이 아니라, 도리어 변화에 적극 대항하여 더 고도로 복잡하고 다양한 형식을 갖춘 수준들을 추구하는 대담한 과정일 수 있다.

진화론에서는 변이와 자연선택을 강조한다. 생명은 어미와는 약간씩 다른 많은 자손을 낳고 변화된 환경에 적합한 자손이 번식확률이 높다. 생명이 존재하는 한 환경의 변화는 필연적이다. 생명의 존재 자체가 환경을 변화시킨다. 지구에 존재해 온 모든 종의 운명은 멸종이다. 지구에 나타난 생명 중 99%의 종은 이미 멸종하였다. 한 종의 평균 수명은 약 100만 년 정도이고, 한 해에 약 100만 종 중 하나 정도가 멸종하는 수준이다. 종은 생존경쟁에서 밀려나는 경우도 있지만 변이를 통해서도 적응하기에 너무 빠른 환경의 변화가 일어나면 멸종한다. 하지만 화석기록은 급격한 대량멸종인 절멸이 종종 일어났음을 보여 준다. 이 틈에 새로운 종이 빠르게 진화할 기회가 만들어진다. 모든 현생생명은 이러한 기회의 수혜자이기도 하지만 결국 멸종이라는 운명을 피할 수는 없다. 물론 인간 종의 운명도 마찬가지인데 특이한 점은 인공적으로 자신의 멸종을 초래할 가능성을 열고 있다는 것이다. 과거에 다섯 번의 절멸사태가 보고되었다. 최근 인류의 영향으로 멸종률이 한 해에 약 천 종 중 하나 정도로 증가하였다. 인류의 전 지구적 팽창으로 생물계에는 제6의 절멸이 진행 중에 있다고 볼 수 있다.

다윈의 기대와는 달리 화석기록에 나타난 생명의 변화는 점진적이기보다는 급격하다. 안정된 환경에서 생명은 거의 진화하지 않는다. 인간사회에서도 이해할 수 있듯이 안정된 환경에서는 생태계의 기득권을 가진 종이 자신의 지위를 위협하는 새로운 종의 출현을 허용하지 않는다. 1940년 고생물학자 골드슈미트

(Richard Goldschmidt)는 아직 이유는 알 수 없지만 종종 거대한 돌연변이가 출현한다고 제안했고 이를 '잠재적 괴물(hopeful monster)'이라고 하였다. 기득권을 가진 종이 장악하지 않은 주변부에서 이러한 돌연변이가 일단 성공적으로 성체가 되면 일거에 기존 종을 치환할 수 있다. 이를 1972년 굴드와 엘드리지(Niles Eldridge)는 진화의 '단속평형설(punctuated equilibrium)'이라고 제안하였다. 생명의 역사는 생태계를 장악한 기득권을 가진 종들이 잘 지내다가 종종 변이로도 적응할 수 없는 급격한 재앙을 맞는 상황을 반복해서 보여 준다.

현생인류의 역사가 언제 시작되었는지는 불확실하다. 약 10만 년쯤 전부터는 인류의 진화가 생물학적 진화에서 문화진화(cultural evolution) 단계로 이행된 것으로 보인다. 즉, 변이와 선택에 의존한 생물진화에서 문화의 산물을 축적하고 이를 직접 자손에게 전달하는 능력이 더 중요해지는 단계에 접어든 것이다. 수천 년 전 문자의 출현은 문화진화를 더 가속시킨 것으로 보이며, 기술의 발전, 특히 수백 년 전에 등장한 과학과 결합된 기술의 발전은 이제 그 앞날을 예측하기 어려운 가공할 만한 발전 속도를 보이고 있다. 미래에는 진화의 양상이 어떻게 전개될까? 특히 최근 생명공학의 발전으로 인류가 진화의 방향을 인위적으로 바꿀 수 있는 수단을 획득하고 있는 점은 지구생명의 진화에 새로운 이정표가 될 가능성이 있다.

결국 지구생명의 진화가 자연적인 변이와 선택보다 인공적인 변이와 선택이 더 중요해지는 '의도된 진화' 단계로 넘어가게 될까? 그 과정이 일부 생명공학자의 기대처럼 순조로울 수 있을까? 혹은 기계가 의식을 갖게 되는 상황은 어떠한가? 이러한 기술발전의 여파로 결국 현생인류를 뛰어넘는 존재가 지구생명의 지배종으로 등장하는 것은 아닐까? 아직은 잠정적으로 후기 인간(posthuman)이라고 하는 물질진화의 새로운 단계가 전개될지도 모른다. 결국 인공지능(artificial intelligence)과 생명공학이 결합하여 창조하는 정보의 양은 원시수렵생활 이후로 생물학적 발달이 거의 멈추어 있는 현생인류로는 적응하거나 감당하기 어려울지 모른다. 하지만 어쩌면 가장 가능성이 높은 시나리오는 이러한 인간을 뛰어넘으려는 무모한 시도의 여파로 현생인류의 시대가 종말을 맞는 것 아닐까 하는 것이다 특히 앞에서 살펴본 '거대한 침묵의 문제'는 이 점에서 시사해 주는 바가 있다.

이러한 가능성들이 실현되는 시점이 먼 미래에 있는 것이 아니라 바로 이번 세기, 그것도 21세기의 중반을 예측하는 주장들이 많다. 그렇다면 21세기가 인류의 마지막 세기가 될 것인가? 우리가 말하려고 하는 모든 미래에 대한 이야기는, 과거의 교훈과 현재의 추세에 기반을 두었을지라도, 전적으로 추측에 불과하다. 우리는 물리학자 보어(Neils Bohr)의 "예측은 어렵다, 특히 미래는."이라는 말에 동의하며 몇 가지 미래의 가능성을 추측해 보려 한다.

우주시대를 기대하며 인류가 우주로 진출하는 것을 낙관적으로 보는 기대들이 있었다. 로켓과학자 치올코프스키(Konstantin Tsiolkovsky)는 "우리 행성은 정신이 출현한 요람이지만, 우리는 언제고 요람에만 머물 수는 없다."고 자신한다. 천문학자 리스(Martin Rees)는 2003년 저서 『우리의 마지막 세기(Our final century)』에서 (지금까지 지구에서) 정신과 복잡성이 펼쳐지고 있는 것은 우주적 전망에서 보면 이제 겨우 시작에 불과할 수 있다고 기대를 표현한다. 리스는 같은 저서에서 "태양계를 벗어나 성간 공간을 지나는 우주여행은, 언젠가 가능하게 되더라도, 인간 이후(posthuman)에 맡겨진 도전이다."라는 조심스러운 단서를 단다.

우리은하 안에서도 오래된 외계문명은 현재 문명의 지속시간이 80~90억 년까지도 가능하다. 1964년 천문학자 카타쉐프(Nikolai Kardashev)는 초문명(super-civilization)의 분류에 대한 제안을 하였다. 제I형은 행성에 온 별빛을 모두 활용하는 문명이다. 현재 인류가 쓰는 에너지는 지구에 도달한 해가 내는 빛 에너지의 수천 분의 일 정도 수준이다. 제II형은 행성이 속한 별의 빛 에너지를 모두 활용하는 수준의 문명으로 이는 I형 문명보다 천억 배 정도 많은 에너지를 제어할 수 있다. 제III형은 행성이 속한 은하의 빛 에너지를 모두 활용하는 수준의 문명으로 이는 II형 문명보다 다시 천억 배 정도 많은 에너지를 제어하는 수준일 것이다. 물론 이러한 분류는 무슨 근거가 있는 것이 아니고 단지 우리가 무엇을 기대할 수 있는지에 대한 상상을 에너지 규모로 표현한 것 정도로 볼 수 있다. 외계 행성의 존재는 1988년에 최초로 보고되었다. 2011년 1월까지 529개 정도의 행성들이 발견되었고 앞으로도 꾸준히 더 발견될 것으로 기대된다. 21세기 초인 지금 상황에서 외계문명에 대한 상상은 그저 우리의 기대를 반영하는 추측 수준일 수밖에 없다.

지구생명의 관점에서 보자면 우주의 팽창 이후 물리적 진화(physical evolution) 과정을 통해 태양계와 지구가 만들어졌고 지구 표면에서 일어난 화학진화(chemical evolution) 과정을 통해 생명이 출현하였다. 생물 출현 이후부터 유전자가 지배(genetic takeover)하는 생물진화(biological evolution) 단계에 접어들었다. 인류의 경우에는 지금 문화진화(cultural evolution) 단계에 있으며, 일부 예측에 의하면 의도된 진화단계나 혹은 로봇 (인공지능) 지배[robotic (AI, artificial intelligence) takeover] 단계로의 이행을 앞두고 있다. 생물진화와 문화진화의 끝은 어디인가? 지구생명의 관점에서 이러한 질문은 미래만이 그 결과를 알려 줄 수 있다. 이 점에서 우리보다 앞선 문명이 존재할 충분한 시간이 주어진 우주나 우리 은하의 다른 천체들에서의 상황이 우리에게 알려 주는 사실은 무엇인가?

빛, 특히 전파영역에서 외계문명이 내는 신호를 검출하려는 노력이 있어 왔다. 전파영역에서 인류의 기술력이 단지 100년 정도의 역사밖에 안 되는 것을 고려하면 검출 가능한 외계 기술들은 우리보다 오래되었을 것이다. 우리가 현재 쓰는 관련된 기술이 오래 지속되는 것이 아니라면 이러한 시도는 확률적으로 성공하기 어렵다. 아직까지 외계고등문명의 전령이 우리를 방문했다는 믿을 만한 기록이 없고 검출을 시도했음에도 아직 발견되지 않은 이유는 무엇인가? 이 '거대한 침묵의 문제'에 대한 다양한 설명이 제안되었다. 고등문명은 우리가 유일할 가능성은 없는가? 고등문명은 있지만 드물어서 찾으려면 앞으로 더 발달된 기술이 필요할 가능성, 외계문명은 많지만 'I형 문명'을 벗어나지 못하고, 기술문명에 수명이 있어서 통신가능 기간이 짧을 가능성, 고등문명은 있지만 통신 의도는 없고 우리를 지켜보고 있을 일종의 '동물원 가설', 고등문명이 있고 신호를 보내고 있지만 약하고 흡수당해 잡히지 않을 가능성, 고등문명은 더 발달된 통신 수단을 사용하고 전파는 원시적일 가능성, 생화학이 다른 고등문명은 예상하기 어려운 기술을 발전시킬 가능성, 이밖에도 많은 제안들이 있고 우리도 각자의 취향에 맞는 제안을 할 수 있다. 인류를 돌아보건대 진화에 성공적인 지능을 갖춘 생물이 호기심이 없을 것 같지는 않지만, 우리보다 더 발달할 충분한 시간을 가졌을 수 있음에도 외계문명이 우리를 방문한 증거나 우리가 그들을 발견한 적이 없다는 것은 사실로 남는다. '거대한 침묵의 문제'는 미래 우리의 기술문명 발달에 한계가 있음을 말해 주는 것은 아닐까?

페르미가 제기한 '거대한 침묵의 문제' 즉 "다들 어디에 있나?"라는 질문에 대해 제안된 한 가지 가능성은 문명은 때이른 붕괴를 맞을 운명이라는 것이다. 포스트휴먼 미래를 기대하는 공격적인 미래학자 핸슨(Robin Hanson)은 이 상황을 '거대한 제거장치(The Great Filter)'라고 표현하였다. 이 경우 제거장치가 우리 과거에 있었을 것인가, 혹은 미래에 있을 것인가? 우주에서 생명이 마주치게 되는 중요한 제거장치가 우리의 과거에 있었다면 우리는 이미 그 장애물을 넘어서 살아남은 것이니 앞으로 우주문명으로 도약할 가능성이 열려 있다. 하지만, 만약 중요한 제거장치가 우리의 미래 그것도 곧 앞에 닥칠 미래에 기다리고 있다면? 이 점에서 인류의 포스트휴먼 미래를 앞당길 것을 주장하는 철학자 보스트롬(Nick Bostrom)은 그 우려를 다음과 같이 표현한다. "만약 화성에 생명이 전혀 살지 않는다는 것이 밝혀지면 좋은 소식이 될 것이다. 죽은 돌들과 생명이 없는 모래들은 나의 생기를 북돋아 줄 것이다." 화성에서 지구와 독립적인 생명이 발견되면, 태양계 안에서도 두 번이나 독립적으로 생명이 출현한 것이니 우주에 생명이 아주 흔하게 존재할 가능성이 있고, 그런데도 우리를 방문한 외계 고등문명이 없다는 것은 기술문명 발전이 우주적 규모에 이르기 전에 때 이른 종말을 맞는다는 개연성을 높여 주니 지구생명의 미래에도 암울한 예상을 던져 준다는 것을 우회하여 표현한 것이다.

우주에 생명은 흔하더라도 인텔리전스(intelligence)는 흔하지 않을 가능성을 이야기하며 지구의 경우를 예로 든다. 굴드는 "인텔리전스가 그렇게 좋고, 명백하게 생존에 유리하고, 쉽게 출현하는 것이라면, 다른 종들도 인텔리전스를 가져야 하는데 그렇지 않다. 그럼에도 그들은 잘 지내고 있다."라고 하였다. 하지만 인간 종이 인텔리전스를 가진 유일한 종이 확실한가? 더 나아가 현생인류인 우리가 인텔리전스를 가진 것은 확실한가? 근대 이후 과학과 결합된 인류의 가공할 기술력은 자연과 인간 자체에 대해 미증유의 파괴를 자행하여 왔다. 자신의 둥지를 파괴하고 스스로 멸종을 재촉하는 무모한 종을 인텔리전스가 있다거나 우리 종의 학명 사피엔스(Sapiens)가 나타내듯이 '현명'하다고 할 수 있을까?

결국 현생인류가 추락한다면 그 원인은 다음과 같은 상황이 뒤얽혀서 일어난 결과가 될 것이다[1]: 사려 깊지 못함, 탐욕, 착각. 물론 이러한 인간의 약점이 가공할 폭력과 미증유의 위험을 유발할 수 있는 수단인 근대과학기술과 만나면서 통제되지 않고 돌이킬 수 없는 의도하지 않던 결과를 맞는다는 것이다. 물론 이러한 파국을 성공적으로 극복한 생명이 출현한다면 이것이 '지구생명'의 우주진출 가능성과 우주문명에 새로운 전망을 주는 것은 사실이다. 이 점에서 우리가 가진 유일한 관측사실인 '거대한 침묵의 문제'가 이러한 전망에 어두운 한계를 지운다. 설사 우주로 도약하는 전기를 맞을 수 있는 상황을 주도하는 생명이 출현하더라도 그들은 이미 현생인류 종을 뛰어넘은 존재들일 가능성이 있다. 이 점에서 이제 막 진화의 방향을 인위적으로 바꿀 수 있는 능력을 획득한 인류와 그들이 의도치 않게 출현시킨 인공적 후손들 사이에 놓인 진화의 경로는 지구에서 산소가

1 인류의 미래와 그 추락 가능성에 대한 자세한 논의는 다음 주소에서 볼 수 있다.
http://bh.knu.ac.kr/~jchan/human_future2.pdf

발생했을 당시 기존 생명들의 몰락과 새로 출현한 생명들의 비상에 비교될 만할 지 모른다. 물론 우리우주가 그러한 우주문명을 허용한다면 말이다.

이러한 상황에서 우리는 어떻게 행동하여야 할까? 우리에게 미치는 영향을 고려하면 현대를 살아가는 우리는 반드시 '비판적인 관점'에서 현대과학기술을 바라보아야 한다. 극작가인 뒤랜마트(Friedrich Dürrenmatt)가 그의 희곡 『물리학자들』에서 말한 "(과)학의 내용은 (과)학자들과 상관되지만, 그 영향력은 모든 인간에게 관계된다. 모두에게 관계되는 일은 오로지 모두가 함께 해결할 수 있다."는 것은 의미 있는 통찰이다. 우리의 문화가 기술에 적응하고 성찰할 시간을 버는 것이 필요하다. 이를 통해 사회적 동의를 구하고 기술의 발전방향을 인간의 목적에 맞게 조절하도록 노력하여야 한다. 건축가 벅민스터 풀러(Richard Buckminster Fuller)는 인간이 자신의 운명에 주체적으로 개입할 것을 촉구한다. "우리는 미래를 건설하러 왔지 미래의 희생물이 되려고 온 것이 아니다."

이 글은 풀러의 다음 말로 마감하려 한다. "나는 종종 우리가 혼자일 것이라 생각하고, 종종 그렇지 않을 것이라 생각한다. 두 가지 생각 모두 충격적이다."

| 감상문 |

우주, 생명, 인류의 미래

조우현(법학부)

우리가 속한 지구는 흔히 알고 있는 수성, 금성, 화성, 목성, 토성, 천왕성, 해왕성, 명왕성 외에도 밝혀지지 않은 수십 개의 행성과 함께 태양계에 속해 있고, 이러한 태양계가 천억 개 정도 모여 은하계를 이루고, 그 크기는 지름 10만 광년이라고 한다. 여기서 끝이 아니다. 이러한 은하계가 눈에 보이는 것만 해도 천억 개 이상이니 우주가 얼마나 거대한지, 이런 식으로 우주의 크기를 생각하노라면 여러 가지 생각이 겹친다.

첫째, 존재 가치론적으로 우주 속에서 우리 인류의 존재는 얼마만큼의 의미가 있는 것일까? 같은 학교, 같은 지역, 같은 나라에서도 서로 아웅다웅 시끌벅적 살고 있고, 나아가 인류역사 속에서 서로 다른 문명과의 수많은 전쟁, 현재의 인종, 이념 경쟁을 하며 이렇게 열심히 살아가고 있지만, 저 넓은 우주적인 관점에서 봤을 때는 우리네 삶이 참으로 미미한 것임을 느낄 수밖에 없다. 이렇게 나름의 체계와 문명을 이루며 살고 있는 데도 그 존재가 미미할진대, 만약 어느 날 갑자기 인류가 지구상에서 멸망한다고 하여, 아니 이 지구가 없어진다고 하여 우주에 어떠한 영향이라도 미칠 수 있을 것인가? 서글픈 현실이지만 그럴 가능성은 전혀 없다고 생각한다. 얼마 전 개봉한 〈2012〉라는 영화를 보면서도 느낀 것이지만, 은하계의 수천억 개 별 중 하나인 태양이 약간 이례적인 활동을 하고 이것이 우리 지구에 화학적 반응을 수반하여 지각변동을 일으키며,

우리 인류가 이룩해 놓은 모든 문명이 처절하게 파괴되는 장면을 보고 있노라니, 단순한 오락영화임에도 불구하고 섬뜩하고 서글픈 생각이 들었다. 하지만 이 또한 우주적인 관점에서 보면 티끌만큼도 신경 쓰이는 일이 아닐 것이다.

둘째, 이 수천억 개의 은하계 속에도 태양계 같은 곳이 어딘가에 분명히 존재할 것이고, 지구 같은 행성도 존재할 것이다. 생각이 여기까지 미치면 자연스럽게 도출되는 결과는, 그렇다면 인류와 같은 지능과 문명을 가진 생명체들도 분명히 또 존재할 것이란 점이다. 억측이라고 비난할 수도 있지만 충분히 가능성 있는 일이다. 흔히 영화 속에 등장하는 외계인은 우리보다 기술이 훨씬 앞선 것으로 표현된다. 예전엔 왜 항상 저렇게 이상하게 생긴 것들이 우리 인간보다 더 좋은 기술을 가진 것으로 표현될까 하는 약간의 불만스런 생각이 있었지만, 지금 생각해보면 그도 그럴 것이, 수십 광년에서부터 수만 광년 떨어진 곳에서 지구까지 이동해 왔으니, 현재 겨우 달까지 밖에 유인우주선을 보내지 못한 인간보다 뛰어날 수밖에! 아무튼 외계문명의 존재는 밝혀지진 않았지만 그 존재 가능성이 매우 높다는 생각이 든다. 이렇게 놓고 볼 때 우리는 언젠가 그들과 조우하게 될 것이다. 강연에서 언급된 〈우주전쟁〉이란 영화가 있다. 톰 크루즈 주연의 이 영화는 외계문명이 지구에 침공하여 무차별하게 인간들을 먼지로 만들어 버리는 초강력, 무자비한 존재로 표현하고 있다. 정말 그 가공할 위력에 영화임에도 불구하고 그 영화를 볼 당시의 오싹한 느낌을 아직도 잊을 수 없다. 그 언젠가 벌어질 현실에서의 조우는 그렇지 않기를 바란다.

우주라는 주제와 관련하여 강연내용과 평소 내 생각을 두서없이 써

내려왔다. 좁은 땅 좁은 지역에서 속좁게 사는 것보다 한 번씩 이렇게 거시적으로 보면, 편협한 삶을 방향을 약간씩은 변화시킬 수 있는 장점도 있지 않을까 하고 나름의 의미를 찾아본다. 좋은 강좌로 학생들의 전공에 국한한 좁은 시야를 넓혀 주신 교수님들께 감사드린다.